1. 2023年度湖南省社会科学成果评审委员会课题"基于OBE教育理念的英语师范生职业技能评估量表的开发与实践"(编号：XSP2023WXC006)主持人：尹彬

2. 湖南省2020年一流本科课程(非线下)(编号：湘教通【2021】28号594)主持人：尹彬

学习共同体理论视阈下的外语教师专业发展与外语教学研究

尹彬／著

吉林出版集团股份有限公司

全国百佳图书出版单位

图书在版编目（CIP）数据

学习共同体理论视阈下的外语教师专业发展与外语教学研究 / 尹彬著 . -- 长春 : 吉林出版集团股份有限公司 , 2024.5

ISBN 978-7-5731-5017-2

Ⅰ . ①学… Ⅱ . ①尹… Ⅲ . ①外语教学—师资培养—研究②外语教学—教学研究 Ⅳ . ① H09 ② G451.2

中国国家版本馆 CIP 数据核字（2024）第 095133 号

XUEXI GONGTONGTI LILUN SHIYUXIA DE WAIYU JIAOSHI ZHUANYE FAZHAN YU WAIYU JIAOXUE YANJIU

学习共同体理论视阈下的外语教师专业发展与外语教学研究

著：尹　彬
责任编辑：许　宁
封面设计：马静静
开　　本：787mm×1092mm　　1/16
字　　数：219 千字
印　　张：13.75
版　　次：2025 年 1 月第 1 版
印　　次：2025 年 1 月第 1 次印刷

出　　版：吉林出版集团股份有限公司
发　　行：吉林出版集团外语教育有限公司
地　　址：长春市福祉大路 5788 号龙腾国际大厦 B 座 7 层
电　　话：总编办：0431-81629929
印　　刷：北京亚吉飞数码科技有限公司

ISBN 978-7-5731-5017-2　　　　定　　价：86.00 元

前　言

在科学技术与知识相互作用下，人类社会已经从资本经济阶段进入知识经济阶段。知识经济社会的不断发展，正验证了现代管理学之父彼得·德鲁克说过的话："知识会成为关键性的经济来源，并且会是企业或社会竞争过程中的主导性来源。"社会各个领域对知识价值的认识不断加深，互联网技术的不断发展也为知识的生产和传播提供了快捷通道，这些都使得知识管理逐渐成为这个时代的重要热点之一。将人类社会中成体系的知识有目的、有计划、有组织地传递给下一代是教育的基本功能，教师作为教育体系中的专业人员，更加责无旁贷地肩负着这个任务。

那么，面对知识爆炸与学习时间有限的矛盾，教师要如何提升自身的教学效率才能使得学生在有限的时间里学习到更多有价值的知识？在知识经济不断发展的时代背景之下，有效的使用知识管理能够很好地解决这一问题。教师进行知识管理不仅是在教育领域的重要实践，更是推进我国教育改革和促进学生全面发展的重要动力之一。近年来我国教育部陆续发布了相关文件指明我国教师队伍建设的方向，教师专业化发展与教师队伍建设是息息相关的。随着知识经济时代的到来和终身教育理念的普及，教师如何进行知识管理以促进教师专业化发展逐渐成为教育领域的一个重要议题。基于此背景，作者在参阅相关著作文献的基础上，精心撰写了本书。

本书基于学习共同体理念，对外语教师专业发展与外语教学展开研究。首先对学习共同体的概念以及其与教师专业发展、外语教学的关系进行综述。接着从教师专业发展的视角入手，探讨学习共同体理论视阈下外语教师专业发展的理论、步骤、策略以及具体的建构路径。然后从外语教学视角入手探讨学习共同体理论视阈下外语教学的创新内容以及学生学习能力的培养。最后从网络环境与 ESP 两大创新角度对学习共同体理论视阈下教师的专业素养与外语教学进行综合分析。

在整体论述中,本书在对前人的知识和成果进行梳理的基础上又进行了补充和丰富,将理论与实践紧密结合,以为同行研究者、教育工作者提供参考,也有助于推动我国高校外语教师学习共同体的构建以及外语教学的深层次发展。

本书在写作前搜集了诸多与教师专业发展相关的文献资料,并在写作过程中引用了很多相关专家和学者的观点,在这里致以诚挚的感谢,并将相关参考资料列于书后,如有遗漏,敬请谅解。由于作者学识有限,书中难免存在疏漏之处,恳请广大读者不吝指正。

衡阳师范学院　尹彬

2023 年 12 月

目　录

第一章

学习共同体与教师专业发展、外语教学的关系解读

　　近年来,国家对教师专业发展问题越来越关注,并指出应该不断提升教师的教育质量,建设双师型师资队伍,提高教师的专业发展水平与教学水平。当然,外语教师也不例外。当前,外语教师的学习同学生的学习一样,逐渐从认知领域中凸显出来,并受到了很多学者的关注。外语专业学习共同体作为教师学习的一种主要形式,在促进外语教师个体发展的同时,也推动着外语教学的改革。但是目前的研究集中在高校外语教师的专业学习共同体层面,对于学生的学习共同体研究还存在欠缺。基于此,本书将两大方向结合,从教师学习共同体与学生学习共同体视角入手来进行探究。本章作为开篇,首先分析学习共同体的内涵以及其与教师专业发展、外语教学的关系。

第一节　学习共同体的相关概念阐释

一、学习共同体的内涵解析

"共同体"是由德国社会学家斐迪南·滕尼斯（Terdinand Tönnies）在1887年发表的《共同体与社会》一书中所提出的社会学概念，他认为人的意志在很多方面都是处在相互的关系中，共同体的本质就在于相互关系本身之间的结合。[1] 20世纪80年代，部分学者从教育领域出发，通过深入研究"共同体"这一概念，提出了"学习共同体"的概念。1993年，美国教育学家托马斯·J.萨乔万尼（Thomas J. Sergiovanni）提出了学习共同体的概念，这一概念是建立在学校管理与共同体相结合的基础上，学校中的教师和学生拥有共同的信仰、共同的价值观以及共同遵守的规则等，这些都是个体过渡到集体、从"我"转变为"我们"的必备条件。[2] 1995年，欧内斯特·L.博耶（Ernest L. Boyer）在具体的实践中证明了"学习共同体"的可操作性，这个概念不仅存在于理论中，更是能够落实到实践中。他认为，学习共同体需要平等自由的氛围、共同遵守的纪律和相同的愿景，这个学习共同体是由教师和学生共同构成的。[3] 日本教育学家佐藤学认为学校是学习共同体的实践场所，教师、学生、家长以及社会人士共同构成了一个学习共同体，他们在其中不仅能够传授、学习知识，更能够促进彼此的共同成长。[4] 乔纳森（David H. Jonassen）等人认为学习共同体由拥有相同问题或讨论同一主题的一群

---

[1]　赵冬冬，曾杰."互联网+"视域下跨区域教学共同体建设研究——兼议"三个课堂"应用[J].中国电化教育，2021（02）：97-104.

[2]　Thomas Sergiovanni. Building Community in Schools[M]. San Francisco: Jossey-Bass, 1994.

[3]　BOYER E. L. The basic school: A community for learning[R]. Princeton, NJ: Carnegie Foundation for the Advancement of Teaching, 1995.

[4]　佐藤学.学校的挑战：创建学习共同体[M].钟启泉，译.上海：华东师范大学出版社，2010.

人构成,他们相互讨论交流,在学习共同体中促进自己专业知识的不断加深。①

随着社会的发展和教育实践改革的不断深入,我国学者对于学习共同体概念的界定不再局限于地域性,而更加强调学习共同体的目标追求、情感归属和精神认同。从地域性的学习场所而言,钟启泉教授认为学习共同体的参与者是多样的,学习共同体既是教师专业化成长的场所,也是学生学习成长的场所,也是家长和社会人员参与学习的场所。②学者张建伟认为"学习共同体"是由助学者以及学习者共同构成的一个团体,他们为共同完成一定的学习任务而相互沟通与交流,因而学习共同体中的成员形成了一种相互影响、共同进步的人际关系。③邵龙宝学者认为学习共同体是教育理念、教学方式和教学环境的统一体,不同的人们通过角色的变换来听取他人的解释,接受别人的观点,通过分享与交流来参与到创造性的学习过程中,学习共同体是知识"产生与创造"的实践场所。④后来,屠锦红将关注的重点从地域转向情感,认为愿景、情感、目标等才是构成学习共同体的主要要素。屠锦红认为共同愿景是学习共同体成员的奋斗目标,对话体验是学习共同体的教学策略,学习共同体中成员有着紧密的联系,他们能够塑造共同的"自我",也能够成就个体的"自我"。⑤彭雪指出"愿景为学习共同体指明了学习方向,描绘了学习蓝图,能够致力于内部成员的共同发展"。⑥

国内外学者们从不同的角度研究了学习共同体的内涵,虽然表述有所差异,但是基本上都包括了以下几个方面:一是学习者、二是学习目标、三是学习内容、四是学习方式、五是学习内容与结果。因此,本研究认为"学习"和"共同体"这两个词共同组成了学习共同体,"共同体"是"学习"的物质载体,"学习"是"共同体"的活动方式,学习共同体是

① 戴维·H.乔纳森.学习环境的理论基础 [M].徐世猛,译.上海:华东师范大学出版社,2015.
② 钟启泉.课堂研究 [M].上海:华东师范大学出版社,2016.
③ 薛华磊.校外教育机构教师学习共同体建构研究 [D].上海:上海师范大学,2017.
④ 邵龙宝."学习共同体"与创新人格的培养——《思想道德修养》课程建设的实践与思考 [J].教育研究,2007(01):90-93.
⑤ 屠锦红."学习共同体":理论价值与实践困境 [J].当代教育科学,2013(16):7-9+34.
⑥ 彭雪.英语课程学习共同体的内涵、要素及建构 [J].教育研究与实验,2020(03):48-53.

由学习者、助学者与专家指导员等人所构成的一种基础性学习组织,成员们基于共同目标通过互依互靠的人际关系相互学习、对话、交流与合作,以获得专业化的成长、实现情感性的归属并成就精神化的认同。

二、学习共同体的理论基础及启示

(一)社会建构主义学习理论

1. 理论基础

"社会建构主义学习理论"(Social Constructivism Learning Theory)的早期形态产生于 20 世纪 20 年代的知识社会学,发展于 20 世纪 80 年代的西方心理学。哲学和心理学是该理论的两大渊源。从哲学渊源方面而言,意大利哲学家维柯在 18 世纪提出了"人们能清晰地理解他们自己建构的一切"这一理念;德国哲学家康德在 19 世纪创建了以主体能动性为中心的批判性哲学,他认为个体通过自我内部认知原则的重组和自我经验的积攒去认识世界、创造自我;美国实用主义哲学家杜威提出了"新三中心论",其重点强调了儿童的主观能动性和经验的发展性,教育是在主体有目的地进行选择的基础上产生的。① 社会建构主义学习理论是认知建构主义的进一步发展,因此,其心理学渊源主要来自皮亚杰的儿童认知发展理论、维果茨基的心理发展论和"内化说"以及布鲁纳的认知学习理论。瑞士心理学界皮亚杰(Piaget)认为儿童认知发展的核心在于"发生认识"和"自我构建",前者的关键在于儿童通过动作完成对客观世界的认识与适应,经历"图式—同化—顺应—平衡"的过程,在过程的不断交替中进行构建、完善认知结构,促进认知的发展;后者是在个体与环境相互作用中获得个体性经验和社会性经验,这些经验是主体认知发生变化的基础,这里的环境既包括自然环境也包括社会环境。苏联心理学家维果茨基(Lev Vygotsky)提出了"社会建构"的观点,强调环境和社会历史文化等因素对个体发展的重

---

① 王旅,余杨奎.建构主义学习理论剖析[J].当代教育论坛(教学研究),2010(04):13-15.

要性,个体在与周围环境的交互中实现低级心理机能向高级心理机能的转化,转化过程中实现了外显经验的逐渐内化,最终建构为个体自我的知识观。美国心理学家布鲁纳(Bruner)在1994年发起了课程改革运动,提出了"学科结构"的观点,他宣称"任何学科都能够以任何方式有效地教给任何发展时期的儿童",学习发生在学习者积极主动地将新旧知识联系起来的过程中,人的认识过程是主动的、积极的进行建构的过程。

以上是社会建构主义的理论源泉,随着时代的变化发展,该内涵不断得到丰富和发展,具体主要包含了以下三个观点:一是知识观,社会建构主义学习理论认为知识是动态的,是针对具体情境的再创造,是随着人类社会的进步和不断改正而出现的新的解释;二是学习观,在社会建构主义学习理论中,学习具有主动构建性、社会互动性和情境性三个方面,即学习是个体在"学习共同体"的实践活动中主动发生的认知发展过程。三是学习者,社会建构主义学习理论强调学习者的主动性,认为知识是在学习者原有的经验中"生长"出来的,与学习者自身的实践活动紧密相连。

2.理论启示

(1)有意义的构建

当今时代,教师不仅是教书育人的主导者,更是教育系统中的终身学习者。社会建构主义学习理论认为教师并不能简单地将知识教给学生,而是要成为学生学习的引导者和促进者,那么教师对知识主动地进行有意义地构建就成为前提条件,这样教师才能够理解知识的内在含义,做到真正地内化知识,进而进行有意义的教学。

(2)有情境的互动

教研是教师进行专业化发展的必经途径,教研是发生在学习共同体中的,而学习共同体强调学习资源的共享与交流。每个教师每年都需要参加常规化的教研活动,教师在具有特定主题、特定情境的教研活动中进行交流与沟通,在学习共同体中进行互动,共同发展,促进自我知识结构的不断更新,这正符合社会建构主义学习理论所强调的情境性和社会互动性。

（二）群体动力学理论

1. 理论基础

"群体动力学理论"（Group Dynamics Theory），亦称"团体动力学理论"，是由美国心理学家勒温（K. Lewin）在 1939 年所提出的概念，他认为群体中潜在的各种因素（如氛围、设施、活动、环境等）都在相互作用，直接或间接地对个体的行为及未来发展产生一定的影响。因此，勒温基于"群体"提出了能够预测个体行为的经典性公式，即 B=f（P.E），其中 B 代表了个体的行为，P 代表了个体，E 代表了周围的环境，f 则为人与环境之间的函数关系，该公式更深层地论证了"个体的行为发展变化依赖于个体与周围环境的相互作用。"[①]《美国管理百科全书》（1982）一书中论述了群体动力学理论的构成要素，具体包括群体背景、参与形式、沟通方式、群体凝聚力、群体环境、群体规范、群体目标、群体领导行为等方面。随着研究的不断深入，国内外学者证实了"群体凝聚力"是影响群体动力的关键，群体凝聚力主要指群体对于个体的吸引力。群体凝聚力的形成主要受到领导者、个体、群体目标、群体规范、群体结构、群体环境这六个方面因素的影响，具体模型如图 1-1 所示。

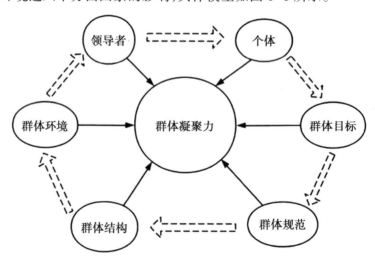

图 1-1　群体动力学理论框架模型

---

① 刘荣.深层学术交互的高校虚拟学习共同体构建模型及策略研究 [D].浙江师范大学，2012.

（1）领导者方面：一个群体中的领导者拥有什么样的专业水平、决策与执行能力在一定程度上对群体的发展起着关键性作用。根据理论研究发现，群体领导方式可以分为权威型、放任型、专制型和民主型四种，其中民主型的领导方式更能够促进群体成员之间的融洽相处，民主型的群体领导方式拥有较高的工作效率。

（2）个体方面：个体是群体构成的基础性要素。群体中的每个个体既相互独立，又相互依存，他们各自的特性直接关系着所在群体的性质。

（3）群体目标方面：群体目标是群体成员共同认同、期望且追求的理想境界，它既是群体活动的出发点，也是群体活动的结果导向。同时，群体中的个体的自我学习目标是群体总目标的具体化，直接或间接地影响群体总目标的实现。

（4）群体规范方面：群体目标是群体规范的制定依据，群体规范是群体成员共同制定并必须遵循的纪律或行为准则，群体规范对于群体成员的具体行为具有约束和规范的作用。

（5）群体结构方面：群体结构主要指群体成员的构成，可以根据不同的标准分为不同类型的群体，其分类标准可以是年龄、能力、知识、性别、性格等。群体结构对于群体成员的工作存在积极或消极的影响，若群体结构搭配得当，成员之间的配合程度高，则能够提高工作效率，反之亦然。

（6）群体环境方面：群体环境是指群体成员赖以生存的自然场所与心理场所，因此，群体环境既包含了物质环境，也包含了氛围环境。物质环境为群体活动提供了空间与载体，而氛围环境则为群体成员提供了相互依存的纽带。这两者分别从不同角度、不同领域和范围影响着群体的走向以及群体成员的行为。

2. 理论启示

教师的专业化发展分为教师群体的专业化发展与教师个体的专业化发展，群体和个体的专业化发展是不可分割的。学习共同体中教师的知识管理活动是个体活动与群体活动相互交融的过程，教师与教师之间始终都在相互影响和相互作用。因此，群体动力学理论中的群体凝聚力、群体目标、群体规范、群体结构等因素也是学习共同体中存在的影

响教师进行知识管理的因素,因此该理论对于本研究具有重要的指导
意义。

(三)对话理论

1.理论基础

对话(Dialogue)是我们在日常生活中的常见词汇,更是我们在生活中进行交流的常用方式,当然,真正的"对话"不仅涉及言语上的,也涉及精神上的,"对话"更是心灵进行交流的重要途径。对话是一个很古老的话题,自人类社会存在,对话就存在,随着人类文明的不断发展,对话理论的研究方向和角度变得更加多样化。

对话理论在其他领域的发展,都是基于哲学史发展的,因此,接下来主要论述了俄国文艺理论家米哈伊尔·巴赫金(Mikhail Bakhtin)、犹太族哲学家马丁·布伯(Martin Buber)、美国科学家大卫·玻姆(David Bohm)、巴西哲学家保罗·弗莱雷(Paulo Freire)和德国哲学家尤尔根·哈贝马斯(Jürgen Habermas)等的对话理论,他们的主要观点如表1-1所示。

表1-1 对话理论代表人物及其观点

代表人物	主要观点	启示
米哈伊尔·巴赫金(Mikhail Bakhtin)	(1)人类的存在就意味着对话的存在,对话存在于各种声音、各种手势、各种感受之中,对话关系是人类社会中最基本的关系。 (2)个体的情感表达、理性思考等都必须以语言或话语的沟通为基础,语言和话语具有内在的对话性。	对话是无处不在的,对话是人与人之间自由交往、平等沟通的基本形式。
马丁·布伯(Martin Buber)	(1)"存在"并非"我"自身所具有的,是发生于"我"与"你"之间的,所以应当建构平等的"我—你"关系,这种关系被称为"对话"。 (2)亲密无间、平等信赖是真实有效的"我—你"对话关系发生的前提。"我—你"之间的对话关系是主体间的精神相遇与精神交流。	"对话"是发生在不同主体之间、主体与客体之间平等的精神交流。

续表

代表人物	主要观点	启示
戴维·伯姆（David Bohm）	（1）对话是流淌于人们之间的意义溪流，所有的对话者都能够参与和分享这一意义溪流，并因此能够在群体中萌生新的理解和共识。 （2）对话是"一赢俱赢"的表现，对话能够共建集体性思维，使对话中的每个个体都实现共同思考。对话具有敏感性，能够感受到自己与他人反应的联系与区别。	处于"对话"中的每个人都能够产生不同的思考，获得既属于自己又属于群体的意义创造。
保罗·弗莱雷（Paulo Freire）	（1）对话是交流的基础，而交流是进行真正教育的重要途径。对话是一种平行性交流，是进行合作的关键。对话的核心在于提问，通过适当的提问与追问能够保持对话的有效进行。 （2）倡导对话教学，对话教学的目的在于解放教育，通过"对话"看到学生的价值，建立平等合作的师生关系和生生关系。	对话是促进合作学习的有效保障。对话具有一定的批判性，促使教育重新肩负起培养人才的责任。
尤尔根·哈贝马斯（Jürgen Habermas）	（1）对话辩论具有伦理性、交往性、主体性等特点，"理解"是对话辩论的核心。 （2）任何主体之间的对话是一种"完全对称"的关系，在相互平等、相互接纳的过程中达成"理解"。	对话能够促进人们达成精神上的共识，这一过程是建立在平等的关系上。

2. 理论启示

　　学习共同体中的教师进行教研、专业发展的方式主要是观摩课例、集体备课、共同评析等，而这些方式都是伴随着言语的相互沟通所进行的，言语就是口头上的"对话"形式。学习共同体中的教师都是平等的、独立存在的个体，他们在"完全对称"的关系上进行知识的交流与共享，在不断的提问、追问的环节中对知识进行自我的意义创造，最终内化成为个体的知识。在一系列过程中，学习共同体中的教师既进行了言语上的"对话"，也进行了精神层面的"对话"，这一过程是具有交互性、主动性、独立性和反思性的。

（四）知识创生螺旋理论（SECI）

1. 理论基础

"知识获得与创新的必要条件之一就是不同形式间知识的互动及知识与其他实践活动的互动"。[①] 其中，显隐知识是常见的知识形式，它们之间的相互转化与创新就成为不同领域学者的研究重点。对于教师的知识管理，日本著名学者野中郁次郎（Nonaka）和竹内光隆（Takeuchi）于 1995 年在其著作《知识创新型企业》中提出了知识创造转化模式，即 SECI 模式。这一模式说明了显性知识与隐性知识是不断交互的，并经由社会化（Socialization）、外化（Externalization）、结合化（Combination）和内化（Internalization）这四个环节的转化实现知识的螺旋上升。[②] 知识创生的四种形式如图 1-2 所示。

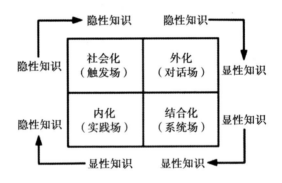

图 1-2　SECI 模式

（1）S 即社会化：这是不同个体间隐性知识与隐性知识的相互转化过程，这一环节中知识的形式没有发生变化，只是实现主体间隐性知识的转移。社会化是知识管理的起点，在不同的学习共同体中，个体所拥有的隐性知识通过观察、模仿、实践等方式实现转移。在学校中，"师徒

① Paavola, S., Lipponen, L. & Hakkarainen, K. Models of Innovative Knowledge Communities and Three Metaphors of Learning. Review of Educational Research, 2004（4）：557 - 576.
② 张杰，林丽. 基于知识管理 SECI 模型的教师学习共同体构建研究 [J]. 电化教育研究，2012, 33（09）：31-35.

制""新老教师结对子"等都是教师实现知识社会化的重要途径。

（2）E即外化：知识的外化环节产生概念性知识，这是个体将个性化的隐性知识用言语或记录等方式明确地表述出来，使其成为易于理解的显性知识的过程，是个体进行个体知识管理的中心环节。对于教师而言，是指教师通过对话、反思、归纳等方式，借助传统媒介或信息技术撰写论文和教学日志，使隐性知识明晰化。

（3）C即结合化：这是一个对显性知识进行分类、归纳、整理和加工，使不同显性知识组织成为系统性知识的过程，这一过程倾向于书面化知识的整理。对于教师而言，指教师通过编码、分类、整合等方式将其获得的知识变得系统化和综合化，教师学习课程标准、拟定教学计划、撰写教案、整理听课记录、参加培训等方式都是教师实现知识结合化的途径。

（4）I即内化：这一环节是知识运用的过程，是知识由显性到隐性的转化。在内化过程中，知识不再停留于记忆的层面，知识从"识记记录"转化为"指导操作"，知识得到不断的应用与创新，具备一种"只可意会不可言传"的感觉。对于教师而言，"从做中学"是实现知识内化的最直接途径，教师通过不断地学习与实践，深化教学理论，自觉完善教学技能，提高自我的教学效能感。

2. 理论启示

众所周知，教师知识的存在形态可以分为显性和隐性两种，其中显性知识主要包括教师的学科内容与教学知识、一般教学法知识、课程知识与相关心理学知识等，隐性知识是教师通过长期教学实践而形成的难以用言语、文字、图像等形式明确描述的知识。对于教师而言，知识管理是知识获取、整理、分享、转化和创新的循环过程，野中郁次郎的 SECI 模型正好能够指导教师完善知识管理的过程。在社会化环节中，不同类型的教师聚集在一起形成学习共同体，构成了知识社会化所需的"触发场"，教师在相互观察与交流中实现隐性知识潜移默化地转移，更新自我的隐性知识储备。在外化环节中，教师通过"对话＋自我反思"的方式将获得的隐性知识显性化，在教学方面，教师可通过学习共同体中的集体备课、同课异构等方式将隐性知识转化为具体的教学实践；在科研方面，教师可通过学习共同体参与课题研究与讨论，最终形成调查报告或课题论文。在结合化环节中，教师根据自己的需要构建教师成长档案袋、教学反思日志等,将获得的知识进行系统化整理和分类,以供自我学习和其他教师借鉴。在内化环节中,学习共同体中的教师在观摩教学案例、听评课、培训时,可将从不同渠道获取的知识有选择地内化为自己的隐性知识,整合到自我的教学中,进而实现教师个人知识的创新。

第二节　学习共同体与学校教育解析

一、学习共同体下的学校教育方式的价值

学习共同体具有促进学校教育教学方式变革、促进课堂教学公平、实现教学相长的价值。学习共同体倡导的教学理念不再是过去教师占据课堂主导,而是最大限度地将学习的自主性和主体性归还给学生,教师的角色也随之发生变化,不再是单纯的教授者,而是与学生同行的共学者。学习共同体代表的是"学习本质"的变化,学习共同体理念下倡导的教学方式自然要突出学生的主体地位,呼吁教师和学生主动地参与到教学中,号召丰富师生、生生之间的沟通交流。通过交流反思,"三位一体"的对话反思,发挥人的主观能动性以实现创造性的教和学。学习共同体下的教学方式,促进了教育活动的生动化和直观化,从而推动了教学方式的改革。

在学习共同体中,学习者在个体性方面积极主动构建新知识。同时,学习共同体中的主体对自己的学习负有直接责任;在社会性方面学生不再是单独的学习者,自己和其他同学彼此之间要进行交流和沟通,这样可以达到最好的学习效果,明白自己的观点与他人不同并不是一件让人担忧和害怕的事情。与此同时,也要尊重他人的不同意见,要在与他人的磋商中,实现共同的进步。学习共同体下的课堂资源能够实现有效共享,能够避免优等生过多地掌握学习资源的情况。而这种共享就是学生的个体性与社会性碰撞的结果,在交流中不断地交换"果实",有利于促进课堂教学的公平。

共同体视角下的课堂中师生平等的对话关系,真正体现了教学相长。教师作为共学者与学生一起参与学习的整个过程,互相学习,学生

不再惧怕教师,由过去的不爱发言转变为积极发言,由之前听从教师安排转变为主动发现问题,不再过多地依赖教师。教师虚心向学生学习,跟随时代的发展,从学生身上获得更新潮的教学资源等;学生从教师身上获得更为准确的生活经验、劳动经验等。二者相互促进、共同进步,真正实现师生之间的教学相长。

二、学习共同体视角下学校教育教学的要素分析

(一)主体要素分析

1.学生

教学方式的参与主体不仅包括教师还包括学生。学生的身份也不再仅仅是学生,更是同行者,与其他同学共同前行。学习共同体视角下的课堂气氛是民主的、和谐的。在这样的气氛下,学生主动、积极地参与课堂教学,在课堂中学生具有很大的自主性,在这样的课堂环境下学生的参与感、责任感明显增强。学生可以自主地选择学习方式,在课堂中主动地交流沟通,在课后主动参与评价环节。同学与同学之间的互相帮助,既可以推动个人的成长,又可以推动集体的成长。然而,在充分发挥学生的主体性时,也不能完全让他们"自由"发展,要从学生自身出发,让其融情入境,真正学会学习,感悟学习的价值所在,提升学习"成就感"。

2.教师

学习共同体视角下的教师不只是引导者,还是共同参与者,更是"搭桥人"。作为引导者,教师要从学生的实际生活出发,基于学生已有的知识来选择项目,让学生能够在原来的学习基础上学到更高一级的技能或知识。通过教师的引导和示范,激发同学们的学习积极性,并在实践过程中找到问题所在,针对问题展开深度的沟通和思考。在这一过程中,教师起着引领示范的作用。教师同时也是共同参与者,需要依据时代背景以及学生的特征教出"个性"。"搭桥人"可以说是学习共同体视角下教师扮演的最具独特性的身份。在课堂教学中,教师通过自身的专业知识和能力,为学生创造一个和谐的课内外环境。

（二）内部要素分析

1. 教学方式的载体——课堂组织

以学习共同体为基础的学校教育,必须把学生放在一个知识生成和运用的情境之中,为他们创建一个最贴近现实的学习环境,即教师要给学生创设鲜活又尽量真实的教学情境。在这种教学情境中,教学知识具有生成性,教学目标、课程内容等都是逐步生成的。因此,以学习共同体为基础的课堂环境,提倡"教学世界"接近和融合"生活世界"的教育课堂环境。这与学校课程理念中加强学生生活和社会实际的联系等内容不谋而合。对话(相互倾听)是学习的核心问题。学习共同体视角下学校教育中还需要达成相互倾听的状态,相互倾听是相互学习的基础。首先,教师需要虚怀若谷地聆听每个学生的发言并作出回应。其次,教师要注意表达方式,对学生的每一句话都给予尊重的态度,消除粗话和含糊不清的言辞。学习共同体视角下的合作学习组织是同学之间互相选择的结果,不应该再具有固定小组的拘束性。由此,学生在课堂中具有了更多的自主性。师生之间的关系也发生了变化,由传统的"教"和"学"的关系变为共学者、合作者。教师充分尊重学生的自主选择,学生不仅可以在教学项目或者任务群中选择自己最感兴趣的项目,也可以选择自己最想共同进步的同学,不再是被动地一切听从教师的指挥和安排。相反,对于教师而言,教师要给予学生平等的自主选择权,不管是在准备、实践的过程中还是在成果评价的过程中,都要尽可能地给予学生自由表达的机会。在学习共同体下学校教育课程还应该重视对学生的引导,使他们在与劳动项目的交互过程中发现并提出问题,教师对不同的问题进行归纳和分类,使学生认识到存在的问题,激发他们进行深入思考。

此外,处在发展中的学生都存在个性差异,不管是教师还是同学都应该彼此尊重,每一个人的微小行为都应该受到重视,教师和学生的主体地位要得以体现。简而言之,学习共同体下的课堂组织要从"主体的神话"中挣脱出来,从"以教师为中心""以学生为中心"的束缚中挣脱出来,从"教"与"学"的对立状态中走出来。

2. 教学方式的本体——学习方式、授课方式以及合作方式

学习共同体下的学习方式指的是教师向学生提供具有一定挑战性的任务，以激发学生的学习愿望，从而使他们产生一种自主的、由内而外的心、脑、手的协调活动，并在活动中采用一种可以推动问题解决的形式。所谓"有挑战"，是指在学生已有的认知水平之上，但又不过度超越学生的发展区域。学生学习方式的把握也非常重要，教学活动的出发点和归宿都是在学生身上，而学生作为教学的主体，只有他们主动地承担了学习的责任，才能真正地发挥自己的作用。在教学过程中，如果仅仅是教师的输出，缺少学生的反馈，那么教学就很难真正地进行下去。所以，教师需要充分调动学生的积极性，学生要对知识、对教师、对同伴和对自己负责，要始终保持积极的学习态度。在学习共同体中，学生要敢于解决问题，并通过自己的努力，运用不同的学习方式构建出自己的学习风格。

学习共同体视角下的教学不会忽视任何一位学生，教师的授课方式的选择要充分考虑课堂以及学生的需要，给予学生更多的自主性，教学项目的确定也不应该脱离学生的生活。在教育教学过程中，应尽可能地为不同的学生提供不同的教育项目，学生可以根据自身的情况选择自己想要参与的教育项目，而且教学项目应该来源于学生的生活。在教学过程中，教师要扮演优秀的引导者和合作者的角色，引导学生找到适合自己的学习项目以及能够根据不同的项目提供不同的合作方式，与同学一同探究，作为共学者共同进步。

不同学习方式在学习共同体下各有侧重点。例如，在合作式学习过程中，要注意到组间和组内的差异，为学生提供一个可以让他们达到螺旋上升的目标；而在探究式学习过程中，教师会指导学生对自己的任务展开思考，让他们能够持续地收集能够解决问题的资源，从而判断这个项目的合理性，并在下一次的教学中做出相应的调整。

3. 教学方式的效果——教学评价

教学评价是开展学校教育的重要环节，是保证学校教育目标实现的重要措施。此外，根据学习共同体理论，学习的本质是"学生与教师、教材的对话，学生与世界的对话，以及学生与自己的对话"。因此，在教学评价阶段，应引导学生围绕教学过程体验和成果评价，对自己整节课的

表现进行反思,从而引导学生认识实践的价值与意义,养成反思交流的习惯。

三、学习共同体视角下学校教育教学的基本特点

（一）教师转变角色,学生实现自主实践探究

在教育教学前,树立共同愿景。共同愿景即共同约定的奋斗目标。由此,共同愿景则是同学和同学、教师和同学之间共同约定的要达到的目标。学校教育课堂中的每个学生都应是紧密联系的,每个同学因共同的愿景而走到一起,并朝着共同的目标努力。但是,除了塑造每一个大的"自我"之外,更要塑造每一个小的"自我"。此外,学校教育教学还应根据具体的学情对教学项目或主题进行调整,将课堂与课外连接在一起,使课堂中既有真实情境的参与,也有虚拟的参与。因此,当开展实践课时,教师在准备阶段要充分考虑学生的实际情况以及其所处的现实生活,由生活出发选择具有生成性的、可供不同学生选择的项目,引导学生确立共同的学习愿景。

在当前的学校教育课堂中,教师应该尊重成员个体的表达,对学生的声音做出回应,尊重差异。教师要尽可能地倾听学生个人对共同学习愿景的真实想法,鼓励每一位同学勇敢表达自己的想法。教师要转变角色,从学习的指导者向学习的促进者转变,从被动的课程接受者向主动的课程开发者转变。因此,在学校教育课堂中,教师应避免对学生的实践行为进行过多的、不必要的约束,使学生摆脱传统的课堂教学。

（二）合作共享,探究体验

合作共享是相对于教师"一言堂"而言的,是基于学习共同体的学校教育课堂组织的应然状态。在学校教育课堂中,共享的形式表现为:自主选择、探究体验。学校教育课程教学并非一个任意的过程,更非以一板一眼的方式进行,必须有弹性地、有计划地进行。这就要求在进行组织时,不能忽略学生的情感,要理性倾听他们的意见,要对他们的意见给予充分的重视。无论教师还是同学,都应该作为一个参与者,而且

应该具有自由度和民主性。因此,教师在组织学校教育课堂时不能只根据座位的排列进行分组,可以以学生的兴趣为基础,结合学生的个性进行综合分配;也可以由学生根据不断生成的目标进行自由组合,体验不同的实践程序操作过程,这种自主性可以有效激发学生学习的积极性。共享的形式,不仅体现在分组上,还表现在探究体验过程中。在这个过程中,学生的主体思想变得更加明确,认识到自己不仅仅是一个有活力的个人,还是一个有思想、有行动力的学习者,从而不断巩固自己作为学习者的主体地位。

第三节　学习共同体与社会关系解析

一、学习共同体的社会关系机制

根据对学习共同体的阐述,可以看出学习共同体包含了三个维度的意义。一是知识的共同体,学习不再是个人知识内化的活动,而是通过与不同的知识经验之间形成联系而习得的;二是文化的共同体,共同体成员在学习过程中通过与其他参与者的相互交往,在局部与整体之间、认同与协商之间,形成了相同的价值观,达成了共同的学习愿景;三是学习者的共同体,学习者在共同体中作为新的参与者从周边的、局部的参与到充分参与的过程,学习者从新参与者到老参与者的变化,是学习者个体在共同体中的身份形成的过程,是共同体成员之间形成关系的过程。协作学习是一种以小组或团队形式组织成员的活动,因此,协作学习共同体首先要是一个学习小组,成员之间才能进行互动交流来促进学习。

二、学习共同体的社会动因解析

（一）人际关系、社会交往互动关系层面的解析

人属于社会性的动物，社会性属于人的本质属性。这种本质属性决定了人需要以群体的方式生活，需要同他人进行交流，需要参加各种各样的社会实践活动，并且在实践中完成知识的有效建构。学徒制就是其中一种非常典型的形式，在这种形式中，学徒们聚集在师傅这一核心周围进行学习和生活，他们在观察和被观察中慢慢地积累经验、学习技能，学徒和学徒之间还能够进行彼此间的交流。与此同时，师傅和其他师傅间还能通过相互作用来将学习者组织起来并开展明确的社会实践活动，这种学徒制的社会学习方式早已有之并延续至今。其实，人们正是需要这种空间区域、环境等作为物质条件来支持人们的各项社会性的实践活动。

（二）共同的兴趣和社会文化背景

学习者共同的愿望和兴趣源于学习者的内在需求。在有些情况下，单纯地凭借个体的独立学习很难实现学习的任务和目标，此时就需要借助于协作来进行知识意义的共同建构。从社会学的角度进行分析，不同的个体通常喜欢相互依赖，并且在共同参与建设中产生持续的社会活动，这是社会生活共同体形成并发展的十分重要的因素。然而，学习者要想很好地聚合在一起，共同的兴趣和愿望是进行对话、分享并合作的前提，尤其是在问题和目标非常类似的学习者之间，更容易建立有效的、稳定的合作以及相互影响、相互促进的人际关系。

第四节　学习共同体与教师专业发展解析

一、促进教师专业发展的学习共同体建构的价值意蕴

教师专业发展共同体,是以加快促进教师的专业成熟度和专业化发展为目的,为他们提供良好环境和条件的组织单位。它既具备共同体和学习型组织的基本特点,同时又具备针对教师群体构建精神家园,帮助他们专业成长的特点,进一步为学校教育教学改革提供助力,最终促进学生发展。

（一）为教师专业发展铸造理想家园

教师专业发展共同体是一个实践共同体,始终关注新教师专业发展实践过程中的现实问题,从实践中发现问题和解决问题。第一,作为一个共享的共同体,教师专业发展共同体为新教师提供教育教学资源库,其具有的共同目标和价值观,使共同体成员自主生成一种互助的责任感,为共同体积极贡献自身的教学知识和经验。例如,有经验的老教师将自己的教学经验整理为经典案例,在教师专业发展共同体活动中,与新教师一起分享和探讨,而新教师将这些优秀经验积极转化为个人认知需求和教学能力,促进自身专业成长。第二,新入职教师专业发展共同体是一个开放的共同体。在该共同体中,不论是教育管理者、老教师还是新教师,都处于平等地位,教师之间的角色可以灵活转换。在该共同体中,新教师可以成为活动的引领者、组织者、设计者和评价者,同样老教师和学校管理者,也可以成为学习者、被引领者和参与者。在此种开放多元的学习和交流氛围中,不同身份和角色转换较为灵活。

可见,新教师通过这一实践共同体,不仅能够获得专业知识经验的积累,同时通过承担不同的角色,可以发挥自身优势,挖掘无限潜能,在挑战中不断提高自身能力,逐渐树立职业认同感、责任感。同时,教师

专业发展共同体与一般组织不同，更强调共同愿景的重要性，其中的新教师，不仅是个体，更是一个完整的集体。首先，教师专业发展共同体的成员有着共同的目标和价值观，并为新教师主动提供帮助。虽然成员之间无血缘关系，但是能够彼此真诚相待、相互尊重，这种共同体氛围使新教师感受到家庭般的温暖，持续不断地获得归属感。其次，在教师专业发展共同体中，新教师具有相似的需求和困惑，但同时又具有差异性。新教师能够在该共同体中寻找到有相似经历和共同话题的同事，在交流中不断获得共鸣，相互提供精神支持。最后，在教师专业发展共同体中，新老教师之间，教师与教育管理者之间，往往针对教育改革和教学实践，在民主开放的氛围中共同商议问题和解决对策，共同体的成员与新教师保持平等交流和跟踪指导，使新教师感受到来自共同体、学校领导的关怀和帮助，促使他们在良好的职业生态中获得认同感、归属感和成就感，从而成功创设了一个温馨的精神家园。

（二）促进学生的学习和发展

教师专业发展最根本的目的是促进学生的学习和发展。构建教师专业发展共同体的目的是帮助教师快速、顺利地适应入职期以及后续发展过程中的专业知识和技能的增长。

教师在教学实践活动中持续的学习和反思，不仅是为了促进学生通过课堂教学掌握知识、培育综合素养和生存能力，还为了自身能够在专业成长中更为有效地克服知识和能力方面的局限和不足，从而真正实现教学相长。因此，关于新入职教师的专业发展共同体活动，不要局限于在教师之间开展，还应涉及作为教学实践活动参与者的另一个主体——学生。即通过课堂教学实践，学生与新教师协调合作，共同探索构建共同教学生态，从而不断影响和促进教师的专业成长，从此意义上来看，学生是新教师获取教学成果和自身专业成长的直接影响者。

（三）为学校教育教学改革提供助力

教师专业发展共同体是学校建设高质量教师团队的重要环节之一，是教师培训活动的基础性工作。抓好教师入职培训的第一步，可以为学校教师团队的发展起到奠基作用。同时，教师专业发展共同体，对学校其他的教师共同体以及学校的发展和完善具有借鉴意义。

学校在教师专业发展共同体的建设过程中,能够加强对学习型组织理论、共同体理论的学习,深入了解包括教师专业发展共同体在内的教师共同体的重要性和价值,教育管理者可以形成更加系统的教育和管理理论体系,对于新入职教师以及其他教师专业发展存在的问题,能够更加全面地进行总结,针对问题挖掘背后的根本原因并"对症下药",从而不断完善教师专业发展共同体,推进学校全方位的革新与发展。

二、促进教师专业发展的学习共同体建构的核心要素

彼得·圣吉的学习型组织理论主要从系统思考、自我超越、心智模式、共同愿景和团队学习五个方面来系统论述学习型组织的构成要素。下面立足于这五个方面,并加以延伸,提出建构教师专业发展共同体所需要的五个核心要素。

（一）共同愿景

愿景,从字面上来看就是愿望的景象,愿景不是一个理性的概念,而是一种基于现实,又高于现实的愿力。"它是人们内心的愿力,一种由深刻难忘的影响力所产生的愿力。"[①]当问起"你想要创造什么?"时,个人会在自己的脑中产生对这一问题的愿望和景象,这可以被称为个人愿景,而共同愿景是整个组织成员的共同的图像。彼得·圣吉认为,共同愿景可以受到理念的激发,"但它一旦得到发展,比如形成足够的吸引力,征得两人以上的支持,那它就不再是抽象的东西了。这时它成了明确而可触知的东西。"[②]由此可见,共同愿景是自发的、清晰的。

当每个人的个人愿景相似或在一定程度上统一,并各自愿意坚持和守护时,其愿景成为真正的共同愿景。当一个组织有了一个共同的、清晰的图景时,这种图景无形中变为一种力量,这种力量是组织成员主动愿意保持同一目标而凝聚形成的,是来自共同的热望和抱负,是一种感

---

① 彼得·圣吉.第五项修炼:学习型组织的艺术与实践[M].张成林,译.北京:中信出版社,2009.

② 彼得·圣吉.第五项修炼:学习型组织的艺术与实践[M].张成林,译.北京:中信出版社,2009.

召力。共同愿景呼唤人们彼此沟通,共同关切,产生共鸣,这也是人们在寻找共同愿景时想要得到的东西。由此可见,共同愿景具有共同性和感召力。

对于教师专业发展共同体而言,共同愿景是至关重要的,因为共同愿景是学习实践的焦点,也是动力的来源。当组织中教师成员的共同愿景被唤起时,能够激发他们对预想实现的目标和成就的激情和活力。一个人进入职场之前,往往会对自己未来职场的氛围、个人的发展、创造的成果以及获得的效益等方面有一个大致的愿望或者期许。同样,学校也会要求新教师进行职业规划,这些都属于教师的个人愿景。虽然每一位教师选择职业的初衷不同,但是对教师而言,他们都有着对这份新工作的期望和热情,有着对未来的规划和愿景。学校作为一个学习型组织,要想新教师能够快速了解学校以及组织文化,更顺利地适应环境、融入教师群体,就需要通过一系列举措向新教师宣传、描绘、渗透共同的价值观、使命和目标,从而促进新教师对共同愿景的认同。顺利迅速地适应新的工作环境,积极融入教师群体的过程就是教师将个人愿景与组织愿景统一,形成共同愿景的过程。换言之,教师只有拥有内在深度的共同愿景,才能够进一步视学校为共同家园,积极主动地投入教育事业之中。

(二)身份认同

彼得·圣吉在学习型组织理论中提到:"心智模式是决定我们对世界的理解方法和行为方式的那些根深蒂固的假设、归纳,甚至就是图像、画面或形象。我们通常不能察觉自己的心智模式以及它对自己行为的影响。"[①] 不管什么领域、何种职业,都会在实践过程中形成一定的经验或运作模式,也会产生刻板印象。这些固有的、根深蒂固的习惯会影响人们认识世界和改造世界。对于教师而言,心智模式反映着教师对于自己的身份认同。对自己身份的认知决定着教师对职业的理解,进而会影响教师自觉能动性的发挥。如果自我身份认同程度低,也会使人们难以觉察到自己的心智模式及其对自己行为的影响。

① 彼得·圣吉.第五项修炼:学习型组织的艺术与实践[M].张成林,译.北京:中信出版社,2009.

既然心智模式对人理解世界和改造世界的行为方式起到决定作用，那么，心智模式绝不能一成不变，而是需要不断地修炼。"心智模式的修炼要从审视自己开始——学习如何把我们内心的、有关世界的图像披露出来，让它们'浮出水面'，并严格仔细地加以审查。"① 教师需要为学生们开展优质教学，这其实就属于教师们的心智模式，如果教学只停留在技术层面，那么，教师对身份的认同就会只停留在作为一项工作任务的要求。"真正好的教学不能降低到技术层面，真正好的教学来自教师的自身认同和完整。"② 关于身份认同，教师要找到精神层面的身份，将其作为对自身的认同，并和教师身份的认同完整地合二为一。"记住我们是谁，就是把我们的全部身心放回本位，恢复我们的自身认同和完整，重获我们生活的完整。"③ 在不断地强化对身份意识的前提下，教师们对重获认同和完整需要的心智模式进行修炼。教师专业发展共同体的身份认同，一方面包含着教师个人的身份认同，另一方面包含教师对自身所属共同体的认同，即对共同体的归属感，具体体现在教师是否承认自己的共同体成员身份，以及认可自己共同体成员身份的程度。对于共同体的身份认同，影响着教师在共同体中的实践主动性，进而影响着教师的职业幸福感。

可见，教师的身份认同是教师专业发展共同体核心要素之一。对个体而言，认同是对自我身份的一种追问和确认，即教师相信自己是什么样的教师或信任什么样的教师，以及希望自己成为什么样的教师。对共同体而言，身份认同是个体对共同体的归属感，即教师在多大程度上认同自己共同体成员的身份。认同所要解决的是自我（群体）同一性、自我（群体）归属感和自我（群体）意义感问题。④ 身份认同是共同体中教师参与感和积极性产生的源泉，同时也影响着教师发挥个人能力的上限。

---

① 彼得·圣吉.第五项修炼：学习型组织的艺术与实践 [M].张成林，译.北京：中信出版社，2009.
② 彼得·圣吉.第五项修炼：学习型组织的艺术与实践 [M].张成林，译.北京：中信出版社，2009.
③ 帕克·帕尔默.教学勇气：漫步教师心灵 [M].上海：华东师范大学出版社，2014.
④ 张志旻，赵世奎，任之光，等.共同体的界定、内涵及其生成——共同体研究综述 [J].科学学与科学技术管理，2010，31（10）：14-20.

（三）反思能力

一个组织的正常运行，需要成员来维持。教师是教师专业发展共同体的重要主体。哪些教师需要加入教师专业发展共同体？这一问题，不仅对新教师提出了专业化发展要求，而且对他们的未来发展目标提出了明确指向。不论何种职业，何种领域，都需要个人不断地成长、学习和修炼，彼得·圣吉将这种不断追求成长和学习的精神称为"自我超越"。"自我超越水平高的人，能够不断为创造自己真心追求的生命成果而扩展自己的能力。"[①] 具有自我超越精神的人，一方面，应该具备清楚的自我认知，以及明确的毕生追求；另一方面，也要有不断为实现理想而学习的觉悟和行动力。学习型组织的精神出自组织中的个人对学习的追求，只有个人需要学习，才能开展和组织学习。虽然个人学习不能保证组织学习，但如果没有相关的学习组织，也不会形成学习型组织。自我超越以能力和技巧为基础，同时也需要精神上的不断开拓和成长，但自我超越又不仅局限于这两方面，它有更广阔的外延，要求将自己的生命当成一件创造性的艺术作品。教育既是一门科学，又是一门艺术。所以，对教师而言，只有将"教师"这一职业作为自己实现人生价值的事业，才能主动地发挥创造性，而不是被动地去工作。教师的创造能力，不仅能够反映出其对职业以及自我的认同感，更是教师能力的体现，更为重要的是使教师具有反思和批判的意识和能力。反思意识和能力是一种理性智慧，反思型教师具备自我超越的认知和主动两个要素。

反思型教师不仅对教学实践进行反思，还对教育理论、教育背景以及教育原理等更广泛的教育问题进行反思。反思型教师具有五个特征：一是观察、提出并试图解决课堂实践的困境；二是意识到并质疑他或她给教学带来的假设和价值观；三是注意其教学所处的体制和文化背景；四是参与课程建设与学校发展工作；五是对自己的专业发展负责。林崇德教授将教师的教育能力分为教师的课堂教学能力和德育教育能力，这些能力被认为是一个合格教师的才华，而这种才华的核心成分为自我监控能力。同时，林崇德还提出 21 世纪教师的成长公式为"优秀教师

---

① 彼得·圣吉.第五项修炼：学习型组织的艺术与实践[M].张成林，译.北京：中信出版社，2009.

= 教学过程 + 反思"。一位优秀的教师必然具备反思型教师的特征,对教师而言,反思能力既是教师对自身专业发展的要求,也是评价一个教师的标准。

（四）共同引领

从国家到一个家庭,都是一个组织和共同体,每一个组织都绝不能缺少领导者和管理者。对一所学校来说,教育领导者是整合各种教育创新实践,并把它们融入日常教育工作的关键。不管有多么令人信服的新教育理念,多么优秀的学校文化,离开了教育领导者的管理,都不会转变为有效的教育行动。对教师专业发展共同体来说,教育管理者作为领导者,应在其实践上提供理论与政策的支持和引导,并且在共同体改革中发挥统领大局的作用。该共同体内部的领导者,被称为引领者。因为教师专业发展共同体的文化氛围是开放的、共享的,强调合作和交流,所以,其中没有绝对的决定权和领导权。新老教师在新入职教师专业发展共同体中的角色是灵活转换的,不会因为教学经验的不足而无法发挥自身的优势,老教师也不会产生绝对的优越感,也能够在与新教师的合作中获得教育教学理念以及思想的更新。教师专业发展共同体引领者要求学校要意识到教师能力、个性的差异性,看到不同教师的需求,在促进教师专业技能、专业知识发展的同时,不断培养他们的新能力。在该共同体活动中,教育管理者要发挥系统思考能力,合理整合教师的工作任务、工作时间、工作资源,新老教师要运用系统思维思考,主动采取措施调节各要素之间的关系。

（五）共享开放式的交流合作

在一个团队中,每个成员都有不同的能力、不同的目标取向,发挥着不同的能量,每个人不同程度的"个人影响力"使得成员向各自的生活目标和方向努力。如果放任成员们自由发展,往往会影响团队目标的实现,不能把成员的能力进行融合的团队是缺乏协同校正的团队。这样的团队的明显特点就是浪费精力,在工作时会出现事倍功半的后果。成员们可能都非常努力工作,发挥自己的优势,但此时组织的共同愿景成为个人愿景的延伸,成员无法产生对组织的认同和融入,也就不会为了共同愿景而牺牲个人利益。团队学习就是协同校正的过程,团队学习修炼包括两种独特方式:深度会谈和商讨。深度会谈要求忘记自己的观点,成员间相互深度倾听并进行自由的、创造性的探讨;而商讨要求阐述不同的观点并对其辩护,同时寻找出支撑决策的最佳观点。若想在教师专业发展共同体活动中实践这两种交流方式,首先要营造一个开放、自由的环境,成员之间不论年龄大小、职位高低,在团队学习时地位应是平等的,否则会出现成员之间的沟通上的芥蒂,甚至会出现"一言堂"的现象。这样会使交流活动变成单方面的说教,成员在交流中失去了参与感和积极性,最后流于形式。在这样的环境中合作又从何谈起呢?其次是团队要有共享的氛围,共享不仅仅是资源的共享,还需要成员们有共享的意识。实现资源的共享需要物质上的支持,而共享意识需要成员对于集体的认同,而不只是重视个人利益。

由此可见,教师专业发展共同体的成员之间的交流需要在共享开放的氛围中进行,同时成员间的深度的交流合作能够不断增进民主。没有共享,"会谈"就只剩下"谈",没有开放,"会谈"和"商讨"就失去了意义。

三、促进教师专业发展的学习共同体的模型构建

教师专业发展共同体的构建需具备上述的五个核心要素,而后续该共同体的良性运行和可持续发展,是由这五个相互关联的核心要素之间的共同作用来促进和完成的。教师专业发展共同体所受的影响,是五个核心要素相互交互作用的结果,不是各要素作用的简单相加,如图 1–3 所示。

五个核心要素对教师专业发展共同体的影响具体表现在三个方面:一是各要素对教师专业发展共同体的作用不同,影响程度也不同。例如,开放共享式的交流合作为教师专业发展共同体提供稳定的基础,共同愿景决定着教师专业发展共同体的向上成长空间;二是五项要素之间会产生交互作用,并相互影响。例如,共同愿景来源于反思型教师,又为反思型教师提供目标和动力;三是处于相对劣势的要素会限制新入职教师专业发展共同体的发展。例如,教师专业发展共同体中的交流合作的开放共享水平越低,越容易阻碍共同体成员间的交互,共同体的活动效果就越差,进而影响教师专业发展共同体进一步发展。

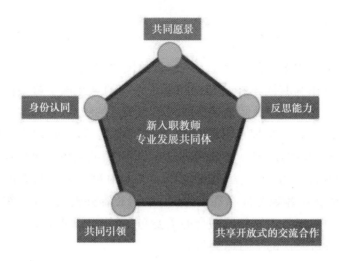

图1-3　核心要素示意图

综上所述,以学习型组织理论为基础的教师专业发展共同体,将学习型组织理论中的五项构成要素贯穿于共同愿景、身份认同、反思能力、共同引领以及共享开放式的交流合作五个核心要素之中。五个核心要素在动态交互的过程中对教师专业发展共同体产生影响,所以在应对现实中教师专业发展共同体所存在的问题时,要思考问题背后的本质原因,从整体的角度出发,系统思考,决不可简单地对其拆分。

第五节　外语课堂学习共同体的内涵与价值意蕴

一、课堂学习共同体的内涵与构建原则

课堂学习共同体应用于真实的课堂教学环境中。课堂学习共同体的建立需要结合课堂实际情况,要考虑到学生、教师以及教学目标等因素,以进一步促进学生的学习。可以说,课堂学习共同体是指教师利用一定的学习工具与资源,根据育人目标与学生共同完成相应的学习目的,提升学生的知识技能与思想观念。课堂学习共同体的本质特征是由构成要素体现与决定的,其中主要的特征包括以下四个方面。

（一）公共性原则

公共性原则体现在课堂学习共同体的民主与意志方面,民主表现为所有参与者作为共同体在公共空间上是平等的。在该学习共同体中所有人都有平等的机会共同享受资源与拥有学习的权利,作为参与者的每一个人都可以充分发挥自己的观点,表达自己的看法,可以和其他人自由交流有关学习的内容。与此同时,在课堂学习共同体中可以通过学生的实际情况设计教学内容,尊重学习共同体中每一个参与者的主观意愿,相互尊重在客观方面存在的差异,做到兼容并蓄,并将其作为在思想方面的碰撞以及不同领域融合的重要起点,从而帮助学生以更加长远的目光看待每一次的学习与交流。

（二）共同性原则

共同性原则体现在共同愿景、共同理解层面,在共同性方面,学习者能够通过共同体形成相应的基础。在此基础上参与主体能够感受不同方面的学习体验,在体验交流后形成共同愿景,并将其作为所有主体学习活动参与者在学习过程中相互关联的重要纽带。共同理解则是在每个人都可以充分表达自己观点想法的基础上,通过与他人的协商、交往、合作来实现的,在不同问题的思考、不同观念的基础上实现有机融合,共同理解可以确保课堂学习共同体的每一位学习者都可以立足自己的想法。

（三）具身性原则

具身性体现在学生的身心一体,课堂学习共同体与其他课堂教学形式比较而言略有不同,主要体现在课堂学习共同体是通过在课堂中互相合作或者其他活动等方式展开学习,并促进学生之间的交流沟通,确保学生可以一边做一边学。学生对于某一主题进行的学习探索中,通过合作学习,身体与思维得以协调一致,这表明学生的身体与思维在课堂学习中实现了结合。学生与环境是一个完整的整体,每个学生都会与环境发生交互作用,而这些交互作用都会成为学生的直接经验,学生也会通过自己已有的经验将其应用到课堂学习共同体的发展过程中。

（四）多样性原则

课堂学习共同体是由课堂环境、教师、学生共同形成的学习环境与模式，在此过程中，教学模式脱离传统教师讲解、学生听讲的形式，因此学生能够根据自己的发展需求提出看法和建议，并得到教师的尊重与理解。在教学方法与模式多样化的基础上，教师能够将更多的关怀投放到学生身上，而学生也将会对自身的学习有强烈的责任感。教师与学生之间能够在课堂中实现良好的互动，学生的学习状况可以被及时地反馈给教师，从而便于教师在教学过程中及时调整目标与方向，进一步提升自身的教学效果。

二、外语课堂教学中学习共同体的建构价值与可行性

（一）外语课堂教学中学习共同体建构的价值性分析

1. 有利于凸显学生的"主人翁精神"

建构学习共同体的英语课堂为学生提供了一个自主、合作、平等和开放的学习环境，学生在其中相互交流并与教师进行双向互动，有助于学生形成责任感。学习共同体使学生有机会在真实的课堂环境中学习和使用语言，英语教师鼓励学生发现自身存在的问题，并且理解和接受他人的观点，通过互动对话和倾听不断提高自身的思维能力。教师在课堂上培养有效的对话，鼓励学生大胆发言、无需害怕说错等，最大限度地发挥学生在英语学习过程中的核心作用，调动他们学习的主动性和积极性，凸显学生的主人翁精神，让学生在课堂上独立探索和合作，培养其探究、合作和学习新事物的能力和良好的语言语用习惯，使其在学习过程中与教师保持有效互动，从而爱上英语学习，满足个人成长需要和群体归属感。

2. 有利于满足学生的英语学习需要

新课程标准为学生设定的目标包括：能够阅读、理解和复述简单的

英语故事和短文；养成分组以寻找意义的习惯；参与学习，积极合作，寻求帮助；培养英语理解能力和良好的学习习惯。由此可见，学习英语并不只是简单地理解词汇和语法。通过在英语课堂中建构学习共同体，能够有效调动学生的学习积极性和内在动力，进一步培养学生的领会与理解的能力。结合学生的英语学习特点，在英语课堂教学中建构学习共同体满足了学生的英语学习需要，并且可以进一步促进学生英语学习水平的提高，使得学生的英语学习能力和高阶思维能力得到培养。在合作中可以用对话和倾听的方式来帮助学生更紧密地进行相互交流，增强学生对语言的实际使用技能，进而分享知识和增进合作。

3. 有利于促进学生的全面发展与个性发展

我国的教育以人的全面发展为主要目的，而受传统灌输式的教育模式的影响，学生的发展存在"片面化"倾向，单一地接受知识让学生的大脑成为知识的"容器"。学习共同体不仅关注成员间的沟通、对话和协作学习，还关注小组的个人优势和行为特征。小组成员中的每个人不仅需要有效地表达自己的想法，还需要对他人的想法持开放态度，发现自己在集体学习中遇到的问题，找到创造性的解决方案，展示自己的思维能力，从而发展自己独特的思维模式和理解方式。在学习共同体中的教师也要善于通过言语和谈话来引出学生的不同观点，展示学生多样性的回答，使他们的思维不断得到发散，让学生产生对英语学习的兴趣，激发其潜能，并鼓励每个学生在课堂上分享自己的价值观，促进学生的个性发展。

(二)外语课堂教学中学习共同体建构的可行性分析

1. 基于学生的身心发展现状与认知特点

随着学生认知能力的增长，他们变得更有"自我意识"，不再依赖他人，希望摆脱成人的束缚，渴望受到他人的尊重和认可，主动性明显增强。[①] 同时，亲社会行为增加，学生日常互动的特点更多是合作、关怀和

---

① 白光斌. 初中生心理发展的特点及行为偏差研究 [J]. 教学与管理，2009（3）：38-39.

相互支持,积极参加学校组织的各种实践活动。学生的这些身心发展特点表明,该阶段学生已经具备了能够进行高阶思维培养的基础,这说明在英语课堂中进行学习共同体的建构与实施是可行的。

2. 基于英语学科的特征与英语学习的特点

首先,英语学科具有交际性和语用性的特征。英语作为一门语言学科,其独特之处决定了英语教学必须从传统教学模式向现代教学模式转变。新课程追求的素质主要表现在学生语言能力、思维品质、文化意识以及核心能力等方面,这就需要学生具备全方位的能力。学习英语的终极目标就是为了使学生能够学以致用并发展跨文化交际的能力,所以英语学习需要注重学生在实际交际中对英语的运用,但囿于教师教授全体学生的机会有限,因此,建立学生之间的交际情境并进行实践就显得更为重要。只有学生对英语进行全面运用,并针对不同语境不断对自己的交际方式进行调整,才能更熟练地运用所学知识进行交际。当前英语教学中学习者通过课外练习以英语进行交际的机会较少,而学习共同体为学生进行交流提供了机会。其次,英语学习具有长期性和渗透性的特征。英语学习是一个长期的学习过程,而不是短暂的,英语学习贯穿于学生的成长时代,并且渗透于学生整个学习过程之中,实现从量的积累到质的超越。英语课堂教学内容具有情境化的特点,其学科的特点性质决定了英语学科育人的实效性和广泛性,学生通过长期的英语学习可以综合锻炼其成长性思维以及人际沟通和交流能力,从而能够更好地适应国际竞争日趋激烈的社会环境。与此同时,英语学习渗透于学生的方方面面,贯穿于学生的一生,对学生的成长成才和思维品质培养等方面具有重要作用。英语学科和英语学习的特点为建构学习共同体提供了一个着力点,在英语课堂教学中建构学习共同体可以成为撬动课堂转型的一个支点,显著增强英语学科育人实效性。

三、外语课堂教学中学习共同体的构成要素

（一）学习主体

在学习共同体中的学习主体不仅包括学生群体,同时也涵盖教师群

体。将学习共同体置身于外语课堂教学背景下,外语教师与学生都是学习共同体中重要的学习主体。从教师角度来说,教师需要通过不断坚定自身专业信念从而提高教学能力,并建构教师合作文化从而丰富教学形式。从学生角度来说,学生需要不断提高自身的学习能力、改善学习方式并且学会与他人共享学习资料,以培养集体责任感。[①]建构主义认为,学生总是带着他们自己独特的经验进入学习过程,个人和集体经验的不断整合是一个关键的过程,在这个过程中,学生自身的经验得到了重视。在一个学习共同体中,学生可以通过积极发现和探索,建立并不断丰富他们的知识体系,将现有的知识与新的知识相结合,积极反思学习问题和培养他们的学习技能,从而成为学习过程的积极参与者。个人和集体经验的不断整合的过程,同时也是让学生对自己的体验进行价值提升的一个过程。建立学习共同体,可以提高学习者的分析、评价、反思和批判能力,激发创造力和合作精神,切实促进他们综合实力的发展。在学习共同体中,教师和学生是主要的行动者、沟通者和互动者。学习共同体的成员在课堂上有不同的经验,没有一个人单独控制着共同体的发展。在一个由教师和学生共同创造共同经验的学习共同体中,教师和学生都是充满智慧的重要学习主体。

（二）共同愿景

统一的价值观、统一的使命感、统一的学习目标是构成学习共同体的共同愿景的三个重要因素。[②]其中,共同的学习目标最为关键,学习目标的确定往往需要由学习共同体中所有的成员共同商讨来决定。在一个学习共同体之中,将教师和学生相互连接成一个共同整体的就是共同的目标,这让教师和学生可以一同前进,朝着同一个方向去努力。在一个学习共同体确定目标的时候,教师需要首先了解的是关于学科基本素养的真正内涵,同时需要注意培养学生的各方面能力,包括但不限于学生的科研能力、学习能力、实践精神、人文精神等。在确定教学目标的时候,教师需要注意认真倾听学生们的建议和想法,并充分尊重所有个体提出的需求,在任何一个学习共同体之中,每位学生都是最重要的存

① 郑葳.学习共同体[M].北京:教育科学出版社,2007.
② 黄丹.小学课堂学习共同体的建构研究[D].西南大学,2016.

在。统一的使命感和价值观则是一个学习共同体不断进步,不断得以发展的重要基石,也是学习共同体中所有成员相互连接的重要纽带。在建构学习共同体的过程中,教师和学生双方都需要认识到学习共同体的价值观和理念,认识到共同愿景的向上引领作用,学会倾听、尊重、理解、信任和宽容同伴,积极与同伴进行心灵上的沟通与交流。

（三）学习方式

建构学习共同体的另外一个重要因素就是学习方式,在学习共同体中的每一个个体都是通过学习方式来一同创建新的课堂学习模式,选择了正确的学习方式将会使成员在学习共同体之中的学习达到事半功倍的效果。在课堂教学活动之中,教师通常都会让学生通过各种不同的学习方式来吸收知识,包括但不限于合作学习法、自主学习法等方式。学习共同体课堂最为推崇的学习方式就是合作学习,因为这能够帮助学生更好地在团体之中相互交流、相互倾听。在这种方式之中,学习团体中的每个个体都不再是独立的,而是与他人紧密联系的,学生个体之间都是以一种平等的地位来进行共同学习,合作学习强调了师生、生生之间的共同合作、互相帮助。与此同时,教师在学习共同体的合作学习过程之中也需要全程参与,倾听、尊重并理解学生的各种想法与创意,和学生一起探究学习内容的奥秘,共同解决在该过程中可能碰到的困难,从而推动学生的学习。

（四）学习环境

环境极大地影响着人的学习行为,特定的环境也会在某种程度上影响着特定的学习行为。外语课堂教学中建构学习共同体的重要基础是学习环境,英语课堂的学习环境不仅包括了物理的学习环境,同时还包括了心理的学习环境以及语言文化环境。具体来说,首先,物理的学习环境指的是课堂的座位排列方式和各项物理因素,在英语课堂中,要想提高学生的学习效率与学习品质,需要为学生提供一个温暖舒适、民主开放的课堂环境,给学生营造一种和谐的课堂教学氛围,在这样的环境中,学生能够较快进入学习的状态且乐于接受知识的传递,同时学生的心智会得到陶冶,其身心发展也会受到一定程度的良好促进。其次,心理学习环境着重于强调学生的心理健康的改善,学生正处于快速的心理发展与身体发育时期,课堂教学中要想建构学习共同体需要尤其注重对学生心理环境的建设,从而更好地展现当代学生良好的精神风貌。最后,语言文化环境在英语教学中起着举足轻重的作用。由于英语是一门记忆与实践紧密结合的语言学科,因此英语学习离不开特定文化背景。然而,实际英语课堂教学中文化环境的缺失、传统语言文化的失语、交际障碍以及学生跨文化交际能力差等问题和现象仍十分突出,形成良好的语言文化环境能让上述问题得到纾解,从而进一步提升课堂教学的育人质量。

第二章

学习共同体理论视阈下外语教师专业发展的理论

    教师的专业发展近年来越来越受到教育专家和学者们的关注。教师学习共同体（Teachers' Learning Community）的出现为教师的发展提供了一个合作、分享、交流的平台。本章主要论述学习共同体理论视阈下外语教师专业发展的理论。

第一节　外语教师学习共同体的理论基础

一、学习型组织理论

（一）学习型组织理论内容

彼得·圣吉在其撰写的《第五项修炼》中首次提出"学习型组织"一词，彼得·圣吉指出，学习型组织是这样一个组织，"该组织内的成员实现其能力的发挥，创造出良好的集体氛围，成员之间能够相互学习"。[①]彼得·圣吉提出，只有通过自我超越、改变心智模式、确立共同愿景、团队学习和系统思考这五种修炼，才能形成一个真正的学习型组织。

1. 自我超越

"自我超越"的修炼使学习者对自己有着越来越清醒的认知，深刻感知自己所想要的最真实的愿望，并通过对现实社会进行正确的预估与判断，全身心地投入以实现所想，并在此基础上创造与超越。"自我超越"是学习型组织的精神基础。彼得·圣吉所认为的自我超越是每个人内心深处追求更强大自我的目标意识，是一次贯穿人生历程的修炼。自我超越就是要提醒学习者不忘初心，不懈努力，不断提升自我，时刻反省自己所处的位置和状态。

2. 改变心智模式

心智模式是指对事物的理解方法和行为方式的那些根深蒂固的假设或者图像，是固化于内心的认知模式和行为习惯。这些思维定式和刻

---

① SENGE P, KLEINER A, ROBERTS C, et al. The Fifth Discipline Fieldbook: Strategies and Tools for Building a Learning Organization[M]. New York: Doubleday, 1994.

板印象顽固地影响着人们日常的学习、工作和生活。心智模式是组织的障碍,改变心智模式不仅需要积极有效地表达自己的想法,更要以开放包容的心态去接纳新观点和新事物。

3. 确立共同愿景

每一个潜心自我超越的人心中都有一个强烈的自我目标,团队的紧密感和个人的归属感与成员之间个人愿景的积极分享不可分割。而当个人愿景汇聚成共同愿景时,将创造出势如破竹般的强大源泉,这就是集体的力量。在常见的"一言堂"的课堂景象中,教师自认为完美的预设教案,由于没有真正"落地",忽视学生的真实的心理活动,难以引起学生的共鸣,往往呈现了一场"独舞"的尴尬局面。

4. 团队学习

"众人拾柴火焰高",团队的力量远超乎想象。有效的团队学习不仅使每个人都能表达个人的思想,更能用心倾听他人的愿景,不断解构与重构从而实现更好的设计,融汇出更好的创造。[1]但倾听事实上比倾诉更难,倾听需要广阔的胸襟和意愿来接纳不同的声音和思想,然后找到能够整合所有想法的最终途径,那么具有一致的共同愿景的、联系紧密的团队,更可能取得瞩目的成就。

5. 系统思考

系统思考是《第五项修炼》的核心,书中提出应以系统的、整体的认知取代静止的、机械的、刻板的思维定式,在了解问题的动态性和复杂性的过程之中,逐渐找到"最优解"。[2]其强调的是思考的系统性与整体性,事物彼此之间都是相互联系和相互影响的,只有通过系统思考,全面考虑影响活动发展的各个因素,才有利于发挥整体的最优作用。

以上五项修炼不能孤立地发挥作用。如果没有"系统思考",愿景将止步于对未来的陌生愿景,对如何整合所有的力量缺乏深刻的理解,建立一个"共同的愿景"意味着对团体的长期承诺,"改善心智模式"意味着认识并公开承认在认知方面的缺陷,"团体学习"就是要发展团体

---

① 韦惠惠.学习型学校的校长领导研究[D].华南师范大学,2005.
② 陶新胜.监狱刑罚以促进罪犯顺利回归为根本目的——从社会法治与社会人性角度思考监狱改造[J].法制与社会,2009(32):40-43.

能力,如果没有"自我超越"的实践,又将会陷入"压力反应"的结构中。因而这五个方面的发展缺一不可。

（二）学习型组织理论对外语教师学习共同体的启示

学习型组织和外语教师学习共同体同样属于团体的研究,因而学习型组织的理论为外语教师学习共同体的建构指引了方向。首先,自我超越指每个人的内心深处都有追求更完美自我的本性,每个人都想追求卓越成为学习共同体的内在目标。其次,共同愿景为学习共同体的建构指引了道路,共同愿景源于个人愿景,因而要激发个人愿景来汇聚共同愿景并将其内化成个人的内在动力,形成牢固的学习共同体。最后,从全局思考问题,突破思维定式和刻板印象,具备整体系统的意识,使得共同体成员之间真正融入一个良性循环的生态系统中,共同发展。

二、学习共同体理论

（一）学习共同体理论内容

日本学者佐藤学将"学习共同体"理念与实践进行结合,并在实践中不断完善自己的理论思想,获得全世界教育者的广泛关注和认可。佐藤学眼中的学习共同体要求全体成员具备共同的目标和愿景。成员之间通过自主探究、相互交流、共同协作的方式完成学习目标任务。佐藤学指出,学习共同体应包含以下三个"哲学"和三个"活动方略"。①

1. 三个"哲学"

第一个就是"公共性的哲学",指的是学校必须成为开放的、公共的、全体的空间。教师都互相开放自己的教室、课堂,这是改革的首要前提。

第二是"民主主义的哲学",佐藤学提出,学生、家长、校长、教师,都是学校的"主人公"。以学生民主为例,佐藤学在日本进行了一项调查,

---

① 佐藤学,于莉莉.基于协同学习的教学改革——访日本教育学者佐藤学教授[J].外国中小学教育,2015（07）：1-7.

以了解这一年中哪些学生的名字在与教师的谈话中被提及。350名学生参加了调查,但只有35名学生在教师之间的谈话中被提到5次以上。谈话的主题总是关于有问题的、表现不好的学生和表现好的学生,剩下的90%的学生基本没有出现在教师的交流之中。这样的情况并不只是出现在该学校。只有实现"民主主义",关注每一位学生,才能发挥学习共同体的作用。

第三是"卓越性的哲学"。"卓越性"是指"每个人都尽其所能追求最好"。只有持续不断追求卓越,才能充分发挥课堂以及学习这一活动的作用。不能因为教师身体不适、家校联系不一致等理由而降低教学水平或者学习水平。佐藤学称之为"冲刺挑战的学习",必须持之以恒地追求挑战更高水准的课题。

2. 三个"活动方略"

首先是同僚性。同僚性指的是在教室中通过"成对学习"的方式来组织协同学习,同时要求全体教师互相开放教学,通过案例分析互相学习,搭建其"同僚性"。这种同僚性的构建是决定学习共同体改革是否能够取得成功的关键。

其次是对话式。对话式指的是在维系地域社会关系方面,允许且鼓励所有家长直接参与课程改革活动,构筑起相互合作沟通、学习交流的关系。对话式的交流方式是合作学习关系形成的基础。

最后是倾听法。互相倾听使得对话式沟通成为可能,从而建立起相互影响和学习的关系。倾听他人是学习的一个基本出发点,学习过程应该强调"对话",但在实践中,它往往被"独白"所主导。在积极的课堂教学中,当学生举起手说:"我知道!"时,学生的发言也可能是"独白"。除非将教师和学生之间的"独白"变为"对话",否则很难实现"学习关系"。

(二)学习共同体理论对外语教师学习共同体的启示

佐藤学的学习共同体理论对本研究的启示主要体现在以下两个方面。第一,形成学习共同体的学习愿景。共同的学习愿景是外语教师学习共同体的核心,要求全体学习共同体成员都应明确团体的目标,为完成共同的发展目标而持续不断地努力。共同愿景的形成与个人的利益并不冲突,只有充分尊重每一位成员的真实想法和发展需要,才能保证他们形成对团体的归属感和使命感,拥有源源不断的学习动力。第二,形成学习共同体教与学的方式。"倾听"每一位学生的声音,基于"倾听"的教与学的方式来开展对话学习,使学生能真正沉浸在学习当中,与学习共同体在活动中共同进步和成长。

三、建构主义学习理论

(一)建构主义学习理论内容

1. 建构主义学习理论的历史根源

建构主义是在皮亚杰(J. Piaget)和维果茨基(L. Vigotsky)研究的基础上形成的。结构主义认知心理学的代表主要是皮亚杰。"建构主义"并不是一个新词,是我国近年来对于原来译作"结构主义"的英语单词"Constructivism"的另外一种译法,诸多领域都使用这个术语,我国学者认为建构主义是一个广泛而模糊的词,不同领域不同的人使用这个术语的含义也不尽相同。[①] 建构主义深受皮亚杰和维果茨基研究的影响,并从中汲取了诸多重要内容,最为重要的主要包括以下四个方面。

(1)社会学习

维果茨基指出,儿童通常与知识能力比自己更强的同龄人或是年长者之间开展互动性的学习活动。在合作学习的过程中,同龄伙伴的思维会潜移默化地对儿童产生影响。这样一来,所有学生不仅可以分享学习结果,而且大家都可以比较容易地了解某个学生的思维过程。维果茨基提到,成功的问题解决者在解决问题时往往喜欢自言自语。在合作学习的过程中,儿童就可以通过观察去发现成功的问题解决者思考和解决问题的方法和过程。

(2)最近发展区

"最近发展区"是由苏联教育学家维果茨基提出的。他认为学生的发展有两种水平:"一种是学生的现有水平,指独立活动时所能达到的

---

① 皮连生.教育心理学[M].上海:上海教育出版社,2004.

解决问题的水平；另一种是学生可能的发展水平，也就是通过教学所获得的潜力，两者之间的差异就是'最近发展区'。"[①] 当儿童无法独立完成某项任务，但是在别人的帮助和自己的努力下能够完成此项任务时，说明该儿童的学习任务是处在最近发展区中。例如，在小说阅读教学中，如果一名学生并不能独立地概括出该小说的主旨，但是在教师的引导下阅读小说之后就能够概括，说明概括小说的主旨很可能就处于该学生的最近发展区中。

（3）认知学徒期

认知学徒期是从前两个概念中衍生出来的，学习者在与年长者、成年人或者知识能力水平更高的同龄人互动的过程中获得专业技术，这一过程被称为认知学徒期。学生的学习也是学徒的一种形式。建构主义理论家认为，教师将这种长时间的、有效的教学模式迁移到了课堂教学当中，必须做到：一是当学生参与困难复杂的活动时，教师要帮助其完成；二是学生需要和不同类型的小组参与各种各样合作性的学习活动，在合作过程中，小组里知识能力水平更高的学生帮助知识能力水平较低的学生去完成复杂的活动任务。

（4）中介学习

维果茨基十分强调搭建支架和中介学习，这是当代建构主义理论中的一个重要思想。中介学习是指教师应该给学生安排困难的、复杂的、能够实现的活动任务，并且教师要给予学生足够的帮助去完成安排的学习任务。情境学习与中介学习密切相关，情境学习被用来说明发生在现实生活中的、真实任务中的学习。

2. 建构主义学习理论的基本观点

早在 20 世纪 80 年代，建构主义学习理论就出现于美国，这对于信息加工心理学提出了挑战，并逐步从认知主义流派中脱离出来。建构主义学习理论对传统教学产生了巨大冲击，被喻为教育心理学中的"一场革命"。建构主义学习理论的基本观点主要包括知识观、学习观、学生观、教学观四个方面。

[①] ［苏］列·谢·维果茨基.维果茨基全集第 6 卷 [M].合肥：安徽教育出版社，2016.

（1）建构主义学习理论的知识观

知识观是指随着知识储备的不断增加，人们开始对"知识"这个问题本身进行思考，其实是对"知识"本身的一种"元认知"。"由于知识观是对知识本身的'元认知'，即对知识的根本看法，这就意味着其内在包含了诸多困惑与假设，其范围是很广的，其中就包括了教育中的知识观。"[①]

建构主义学习理论的知识观认为，虽然世界是客观存在的，但是每个人对客观世界的理解都是在自身已有经验基础上建构的，人们可以根据具体情境对具体问题进行再创造。因此，不同的人由于经验的不同，对同一事物会有不同的理解。知识只是一种解释和假设，并不是对客观世界绝对正确的表征，只是一种相对合理的阐述，无法对世界的普遍规律进行归纳，也不是问题的最终答案。知识对于不同事物来说有不同的特性和意义，也会随着人类思想和科学技术的进步不断地被推翻，形成新的解释。这里强调知识具有不确定性、变化性，学生也可以成为知识的"创造者"。正如皮亚杰所说："知识并不取决于主体的内在构造，也不取决于其内在的性质，它是利用内在结构的中介加以认识。"[②]

（2）建构主义学习理论的学习观

建构主义学习理论的学习观认为，学习应该是学生自己建构知识的一个过程，并不能让教师一味地向学生传递和灌输知识。在这个过程中，学生不是作为被动的信息接收者，而是信息意义的主动建构者，这个建构过程也不能由其他人代替。建构主义学习理论的学习观主要有以下几个基本特征。

第一，学习具有主动建构性。学习者想要达到更高的知识水平，就需要在自己已有的知识和经验的基础上，主动对信息进行判断和选择，促进新旧知识经验的相互影响和整合，逐步完善自己原有的认知结构。

第二，学习具有情境性。建构主义者认为，知识不可能独立于活动情境而抽象地存在，学习也需要与社会实践活动结合起来。

第三，学习具有社会互动性。学习者的学习是在一定的社会环境下进行的，学习过程注重人与人之间的互动与协作。

① 李卉婷.建构主义知识观下教师话语权力的反思与重构[D].浙江师范大学，2015.
② 张奎明.建构主义视域下的教师专业发展研究[M].北京：北京师范大学出版社，2017.

（3）建构主义学习理论的学生观

建构主义学习理论的学生观认为,学生并不是空着脑袋走进教室的。学生在以往的学习和生活中已经形成了自己丰富的知识经验,学生之间的已有知识经验是不尽相同的。在教学中,教师不能忽视学生已有的知识经验而"另起炉灶",应该要在每个学生原有的知识经验的基础上,引导他们"生长"出新的知识经验。建构主义学习理论的学生观尤其强调学生知识经验的丰富性和差异性。

（4）建构主义学习理论的教学观

建构主义学习理论的教学观认为,教学并不是简单的知识传递的过程,教师应该要对知识进行处理和转换。这个处理和转换就是指教师要重视倾听学生的声音,了解他们内心的想法,更加关注学生观点看法的原因,从而想办法引导学生丰富和调整自己原有的理解。这里强调的是教师不能一味地做知识的灌输者,而是要和学生有一个良性互动的过程,听到学生的声音,最终让学生更乐于主动地丰富和完善自己的认知结构。

总之,建构主义者强调知识具有动态性,认为学生的经验具有丰富性和差异性,强调学习的主动建构性、社会互动性和情境性。

（二）建构主义学习理论对外语教师学习共同体的启示

维果茨基的学习理论对外语教师学习共同体构建的启示主要有:一是要为学习者的认知构建创造提供真实的活动情境,知识内容的选择要贴近学生、贴近现实生活,要能引起其兴趣和关注,激发其学习热情。二是要布置具有一定难度的任务,这个难度与学习者的现有水平之间的距离是可以通过一定的努力完成的,即提供"最近发展区",并进行"支架式教学",来维持学习者的学习动机。只有不断创造教学的"最近发展区",使外语教学走在学生的认知前面,才能扩大学生的认知范围,使其突破现有水平,养成求知好学的良好学习习惯。

第二节　外语教师学习共同体的具体内容

伴随着大数据技术和互联网技术的发展,教师群体的教学教研趋向线上和线下相结合的方式,可供教师选择的研究方式与方法更加丰富。这多数是针对普通学科的教师专业发展易实现的特点而进行的研究。对于外语类专业教师,因受上课语言的限制,缺少能够相互构建学习共同体的机会,大多是局限在本学院范围内。其中,小语种教师的专业发展效果更不容乐观,由于小语种教师平时课时量大、科研任务重,基本局限在本教研室内,无法充分利用丰富庞大的教学资源。但是,每位教师的教学都有相通之处,比如语言类教师都涉及听力课、翻译课、写作课或阅读课等多种形式的课程。教师之间就可以根据课程内容类型进行相互学习指导、汲取经验。研讨不局限在教研室之内,多语种教师之间也可以相互交流、品评。教室类型的选择,可以让教师突破语言的限制,着重关注授课教师对于技术的组合使用与对教学内容呈现方式的学习。课程内容的划分,给不同专业的教师提供了对同类型教学内容进行研讨、观察和学习的机会。鉴于此,依据教师的所授语种、课程内容、教室类型等不同分类,可以帮助外语类教师组建不同的学习共同体。

一、语种共同体

语种共同体的构建,以教师的专业即教学语种为出发点进行组合。这也是目前被大多数教师采用的研修组合方式,适用于同教研室、同专业学院的所有教师,并具备不受专业语言的限制、熟悉教学背景和课程内容、掌握教学进度等优势。教师之间采取的研修方式,也不会受限制,均可自由搭配组合。同专业的教师,一般教学任务相同,可以随时就授课问题进行研讨,甚至备课期间也能相互借鉴经验。该群体组成方式简单、人员充足且能与教研室主任或学科带头人一起完成。

二、课程共同体

课程共同体是根据教师的授课内容进行构建的。每类语种的教师，虽然所授课程内容不同且语言不通，但都涉及听力课、阅读课、翻译课等多种课程。相同课程的教学目标、教学重难点、教学方法大致相同。教师们即使教授不同语种，也可就课程内容教什么、怎么样教等问题进行研究。比如如何提高学生的语法学习掌握能力、如何提升学生的同声传译翻译能力、如何锻炼学生的写作能力等。此种学习共同体，可以帮助教师摆脱专业语言的差异难题，可以与不同专业的优秀教师、专家教师共同进行教学研究，充分利用学校丰富、高品质的资源。

三、媒介共同体

媒介共同体，以教师授课过程采用的不同媒介而进行构建。教师授课的教室越来越趋于智能化，包含了多种教室类型，如多媒体类教室、计算机机房、语言实验室、智慧教室和同声传译实验室等。不同的教室类型，可完成不同的教学任务。多媒体教室，一般只具备连接电脑的投影功能，学生分别坐在教室不同位置，不能进行人机互动等操作。计算机机房，教师和学生均有电脑可以进行操作，可协助教师教授一些计算机辅助的课程。语言实验室，教师和学生均具备电脑显示功能，教师可操作专用软件与学生进行对讲、小组合作、教学示范、录音等活动。智慧教室，具备的教学软件更智能化、个性化，且有电子白板、iPad 等多种智能化设备，更丰富了教学手段。同声传译实验室，以同声传译课程为主，具备录制左源右译的音频文件功能。不同专业的教师在此学习共同体中，均可根据自己的教学需要合理使用设备促进教学。

第三节　外语教师专业学习共同体的现状与影响因素

一、教师专业学习共同体的研究

（一）教师专业学习共同体的内涵研究

教师专业学习共同体（Professional Learning Communities，以下简称 PLC），又称教师学习共同体、专业学习共同体、专业学习社区。近 30 年来，它受到教育学界的广泛关注，但是它并不是来源于教育学界的新概念，它受到了组织学习理论、社会建构主义学习理论、成人学习理论的综合影响。[①]组织学习理论为专业学习共同体理论提供了分析框架。阿吉里斯提出了两种组织学习形式：单环学习和双环学习。单环学习指通过纠正错误使得行为预期与行为结果相匹配，是一种知道"做什么和怎么做"的学习。双环学习不仅需要知道怎么做，还要去系统地追问为什么要这样做，通过反思、推理、检查、改变控制变量等使行动发生变化。一个组织需要单环学习，更需要双环学习。[②]社会建构主义学习理论是专业学习共同体中学习观的重要基础。建构主义认为个体与社会是密不可分的，人是"对话中的人"，人获得的客观知识是通过人主观建构而成的，主观知识要想转化为他人所接受的客观知识，又需要社会之间的互动和交流以达成共识。因此，教师要想获得学习和发展，必须以语言为中介，在有意义的社会情境中不断地通过与他人进行对话协商的方式进行建构。[③]成人学习理论则考虑了教师的身份对其学习方式的影响。教师作为成人，有自己的独立思考和独特个性，学习具有很强的

---

① 崔迪. 美国早期教育教师专业学习共同体研究 [D]. 东北师范大学，2017.
② ［美］克里斯·阿吉里斯（Chris Argyris）. 组织学习 [M]. 张莉，李萍，译. 北京：中国人民大学出版社，2004.
③ 王文静. 社会建构主义研究 [J]. 全球教育展望，2001（10）：15-19.

目的性,教师只有在实际工作中遇到了问题并想要加以解决时,真正的学习才会发生。传统的各种教师培训项目脱离了教师的实际需要,不能解决教师实践过程中遇到的难题,所以培训达不到预期的效果。

从内涵上来说,霍德首次提出了 PLC 这个概念,并指出学校教师和管理者应该是一个学习共同体,在这个共同体中,他们通过持续地合作学习和分享知识经验,将学习到的内容应用在自身的教学行动中,进而达到促进自身专业化发展和促进学生学习的效果。布朗(Brown)认为 PLC 是在共同愿景的指引下,教师通过合作,共享理想和智慧,以不断改进自身。① 史莫克(Schmoker)通过参加学校改革实践提出,PLC 的核心是教师学习小组对近期的教学实践进行研究,进而产生新方法、新观念,并以此来改革自身的实践,从而促进学生的学习。② 杜福尔(DuFour)认为 PLC 对学校内的教学实践与教学合作意义重大,但开启和维持它的良好运作需要学校内的相关工作者专注于学习而不仅仅是教学,并且在学习上展开合作,对改进的结果做出承诺并共享责任。近10 年来,随着学者们对 PLC 的认识逐渐加深,有学者提出可以从"专业学习""共同体"的概念出发,来理解"教师专业学习共同体"所包含的内在意蕴。加拿大学者劳拉(Laura)认为,所谓的"专业学习"的合法性体现在四个方面:教育教学的知识基础、以学生为中心的职业道德、专业的集体认同和管理实践,以及专业标准的专业自主性。③ 美国教育管理学家萨乔万尼将"共同体"的概念从社会学中迁移到了教育领域中,她认为学校也是一个共同体,因为学校与其他的组织不同,维系学校良好运作的不是利益关系而是学校中校长和教师之间共享的责任、担当和使命。④ 学校作为一种"共同体",它是以共同的目标、价值、情感为

---

① Brown P., Lauder H. Capitalism and social progress: The future of society in a global economy[M]. Palgrave, 2001.
② Schmoker, M. No turning back: The ironclad case for professional learning communities. In R.DuFour, R. Eaker & R. DuFour (Eds.). On common ground: The power of professional learning communities[M]. Bloomington, IN: Solution Tree, 2005.
③ Laura Servage. Who is the "professional" in a Professional Learning Community? An Exploration of Teacher Professionalism in Collaborative Professional Development Settings[J]. Canadian Journal of Education, 2019, 32 (1): 149.
④ Sergiovanni, T. J. Building Community in Schools[M]. San Francisco: Jossey-Bass, 1994.

核心,以促进学生学习为目标所创造出来的一种"我们"的组织,它不依赖于科层制中的权力管理来运作。由此可见,专业学习共同体没有一个确定的定义,它在不同的情境中有不同的解释,但目前国际上达成的广泛共识是:PLC 是建议人们以学习为导向,以持续的、反思的、协作的、包容的、促进自我提高的方式,批判性地与他人共享实践。

我国学者对于专业学习共同体的认识主要分成两种,第一种是将 PLC 看作教师合作学习的组织。持该观点的学者认为,与传统的教研组相比,专业学习共同体更能激发教师学习的主体性,促进教师合作精神和实践智慧的提高。第二种是将 PLC 看作是教师专业发展的有效路径或有效模式。持这种观点的学者认为专业学习共同体为教师创设了沟通交流的平台、合作学习的氛围,提供了支持性的学习资源,帮助教师提升了个人的专业素质。

总的来说,教师专业学习共同体(PLC)就是在共同的价值观和愿景之下,教师、学校管理者以及相关助学者之间通过持续不断的团体协作、分享实践、交流对话等方式进行的集体学习组织,学习的目的是提高教师自身的专业水平和促进学生的学习和发展。

(二)教师专业学习共同体的要素研究

从国外的研究来看,2008 年,霍德重新修订的 PLC 五要素模型受到广泛认可,得到众多研究者的引用和借鉴,五要素分别是:(1)共同体所共享的价值观与愿景,它是成员们共同努力想要达成的目标;(2)共享的领导,意味着不仅学校领导者要管理学校,教师也应该共享管理学校的权利和义务;(3)集体学习,即学校组织中包括校长、教师和学生等成员应共同协作学习、解决问题;(4)支持性条件,分为两类,一类是物质因素、时间、资源等,一类是关系条件和能力因素:关系条件是指共同体之间需要信任、和谐、互助的人际环境,能力因素是指共同体成员学习所需要的能力;(5)共享的个人实践,即教师要免受个人主义的影响,以开放的心态接纳其他教师对自己课堂的观摩、评价,在共同研讨的过程中改进教学实践,促进彼此的完善。霍德认为,共享的价值观与愿景是前提,集体学习是 PLC 的核心。

从国内的研究上看,我国学者在西方的研究上,对 PLC 的概念进行了进一步的拓展。熊燕从教育学的视角出发,认为 PLC 至少要包含共同愿景、自我超越、心智模式、合作文化和基于对话的团队学习五个要素[1]；陈莉认为，建构教师专业学习共同体要从以下几个方面入手：向教师赋权以激发教师自主性、帮助教师解决实践问题、提供适切的环境以支持教师的合作、设计促进教师实践知识得以发展的学习活动。[2] 朱旭东通过对名师工作室的特征进行分析，指出专业学习共同体应该包含7个要素：共享使命、愿景、价值和目标；共享实践和责任；反思性对话和集体探究；持续改善的承诺；共享的支持性领导；支持性条件；结果导向。[3]

　　总的来说，关于 PLC 需要包含哪些要素的问题，国内外并没有十分一致的观点。根据表 2-1 的统计发现，共享价值观、协作活动、集体关注学生学习、去私人化实践、反思性对话这五个要素出现频次最高，同时，综合考虑研究目的和研究工具的可获得性，本研究也以这五个维度为基础展开研究。

表 2-1　不同学者提出的教师专业学习共同体的结构要素

	共享价值观	集体关注学生学习	协作活动	去私人化实践	反思性对话	共享的领导	支持性条件	关注结果、持续改善	包容的成员关系	自我超越
路易斯1996	√	√	√	√	√					
纽曼1996	√	√		√	√					
雷德1997	√		√	√		√	√			
杜福尔2004	√	√						√		
劳尔·迪安2004	√	√	√	√			√			

①　熊燕，王晓蓬.教师专业学习共同体的内涵及生成要素 [J].当代教育科学，2010（03）：29-31.
②　陈莉，刘颖.从教师培训到教师学习：技术支持教师专业成长的途径与策略 [J].中国电化教育，2016（04）：113-119+127.
③　朱旭东，王姣莉.专业学习共同体视角下的名师工作室 [J].中国教师，2016（15）：16-20.

续表

	共享价值观	集体关注学生学习	协作活动	去私人化实践	反思性对话	共享的领导	支持性条件	关注结果、持续改善	包容的成员关系	自我超越
博勒 2005	√	√	√		√				√	
莱斯·伍德 2006	√	√	√	√	√					
斯通 2006	√	√	√			√				
霍德 2008	√			√		√	√			
理查·芒德 2011	√		√			√		√		
熊燕 2010	√		√		√					√
朱旭东 2016	√	√		√	√	√	√	√		

二、外语教师专业学习共同体的现状

（一）缺少共享权力的领导

依据专业学习共同体建设理论和哈贝马斯交往行为理论来看，教师专业学习共同体应是群成员之间通过协商，以彼此平等的方式达成统一，绝非权威型领导独享权利。哈格里夫斯等人的研究表明，教师合作最具时效性和一致性的形式，是同辈之间的横向互助，如若使得教师专业学习共同体发挥其最大作用，管理者就不能继续行使传统意义上的上下级层级管理。但在外语教师个人愿景与学校发展目标、学校与外语教师间共同决策等方面得分很低，这显示了我国传统的科层制权威化对其产生的影响，学校忽视外语教师个体发展愿景，使得外语教师没有决策权和话语权。同时依据建构主义学习理论，学习是认知主体与外在环境主动建构而非被动地接受产生。然而，在外语教师专业学习共同体中，外语教师并未能真正实现教师个体发展的目的,而多以服从命令式参与学校组织的集体学习活动,合作学习也因此成了对上级领导意志的执行,导致外语教师专业发展得不到保障。因此,加强学校与外语教师间权力共享,多倾听外语教师内心发展需要,对于构建外语教师高质量专业学习共同体来讲至关重要。

（二）共同体活动模式单一

根据哈贝马斯交往行为理论中的目的性行为来看,主体往往利用工具介入客观世界中,进而实现自身目的。而在外语教师专业学习共同体中,活动模式的丰富与否直接影响着教师专业发展的实现。然而,外语教师专业学习共同体模式、内容较单一,主要以集体备课、听课、评课为主。在人口学变量发展水平差异分析中可以看出不同年龄段的外语教师在活动模式上呈现出差异性,与 30 岁以上教师相比,30 岁以下教师得分最高。这表明当前外语教师活动模式不太利于青年教师的发展。因此,改变单一的传统外语教师专业学习共同体模式是重点需要关注的问题。由此可以看出,仅以集体备课、听课、评课形式存在的外语教师学习共同体难以满足不同教师需求,培训的内容和方式与外语教师的现实发展需要存在一定的差距,导致外语教师专业学习共同体只是形式化的存在,外语教师的学习也只是走个流程,难以激发外语教师学习的自主驱动力,难以真正实现专业发展。

（三）缺少组织结构支持

研究结果表示,组织结构支持与教师发展紧密相关,同时依据专业共同体建设理论,支持性条件是保障专业学习共同体得以运行的前提。专业学习共同体的运作需要物质、时间和精神方面予以保障。由此可知,支持性条件对外语教师专业学习共同体的运行起着至关重要的作用。但是,教师缺少常规时间进行交流与研讨。同时,很多外语教师缺少合作的空间。

（四）教师主体性地位缺失

依据哈贝马斯交往行为理论的戏剧性行为要求，在学习群体中成员互为观众，自由地表达自身观点、经验和个人看法并对这些不同的声音给予肯定的反馈和支持。在教师专业学习共同体中同样也要充分考虑到每位外语教师的作用，展现出每位外语教师的主体性。换言之，外语教师专业学习共同体的建设要吸收每位外语教师的个人能量，要尊重每位外语教师的思想。在人口学变量中，比较不同教龄在外语教师专业学习共同体中的发展水平发现，教龄与组织承诺差异性显著，表现为教龄小于5年的乡村教师与其他教龄段教师相比得分较低，这说明新手外语教师在学校的专业发展、地位、归属感等方面存在问题。同时，当前外语教师参与的集体学习往往也是一种自上而下、集中式的短期培训，是主要以培训专家为中心的灌输式培训。在外语教师专业学习共同体中，和谐的文化氛围对于外语教师的集体学习十分有利，但是，一味追求内部成员的和谐，会逐渐使得这一学习共同体成为一种以权威教师讲、大家听为主的一片和谐环境，这种"同意共享"并不属于真正意义上的平等、自由的交流，而是一种权威下的僵硬形式主义。长此以往，则会使外语教师专业学习共同体形同虚设，失去活力。因此，在构建外语教师高质量专业学习共同体时，充分吸收每位外语教师的能量的同时，要建设包容的、平等的和充满关怀的文化氛围。

（五）教师评价方式不完善

依据哈贝马斯交往行为理论中的戏剧性行为，在学习群体中，对成员的想法和观点应给予及时反馈和评价。在学校中，完善的外语教师评价制度是促进外语教师学习的推手，也是构建外语教师高质量专业学习共同体的有力抓手。但是，当前乡村学校评价体系在支持外语教师不断学习与发展上得分很低，说明现有的外语教师评价体系不足以应对新时代外语教师专业发展需要。也就是说，当外语教师评价是以结果性考核来呈现，而不是以提高和促进外语教师学习来反馈时，这样的评价方式并没有真正发挥其评价的作用。因此，完善的外语教师评价制度是促进外语教师持续学习的有力保障。

三、外语教师专业学习共同体的影响因素

（一）合作意识因素

合作行为的发生要以共同愿景为基础，有了合作的目标才能开展有效的合作。而共同愿景的制定受到外语教师合作意识的制约，外语教师的观念影响其行为，外语教师的教学观、合作观对外语教师学习共同体的发展影响重大。只有外语教师具备合作的意愿，才能将自己看作组织中的一员，真正将自己的发展与组织的发展相关联。

（二）外语教师话语权因素

教研组是教师学习共同体建设的表现形式之一。我国建立教学研究机构已有一百多年的历史，发展至今已经形成了从备课组、年级组、教研组到教导处、政教处相互衔接的科层制组织。科层制的学校管理强调规则与控制，具有效率高、决策严密、科学分工、方便管理的优势，但也存在着严重的行政化问题：直线型的管理模式和金字塔式的等级制度导致了外语教师话语权的缺失。备课组长是备课组中的领军人物，在备课组的运行中承担"火车头"的作用，其教学能力、科研能力及领导能力都是备课组全体成员的典范。这种优秀外语教师的引领作用固然有其优势，能够带领整个外语教研团队朝着共同愿景不断发展进步，但同时也压抑了普通外语教师的积极性与参与热情。这种行政化的强制性手段导致外语教师难以参与决策、共享权力，长此以往，习惯了接受任务并执行的外语教师一旦失去了领头人的带领，将无法自行完成任务，无法主动承担责任。

（三）合作文化因素

相互信任、畅所欲言的合作文化氛围是外语教师开展合作的关键。调查得知，在面对争议性问题时，很少的外语教师表示自己能直言不讳地提出建议，可见外语教师在学习共同体中存在有问题不指出、有争议

不表达的形式化倾向,交流往往停留在表面的夸赞与表扬,缺乏相互信任的合作氛围,难以展开深度交流。

由此可见,学习共同体存在个人主义文化盛行的现象,缺乏有效的交流与合作,外语教师间缺乏信任、新手外语教师不敢发言,缺乏合作的文化氛围,导致有些外语教师不能正确认识到自己在合作过程中的价值,信息交流与资源共享仅停留在浅层面,未能形成彼此信任、相互合作的文化氛围。

学习共同体内外语教师合作的形式与行为,若缺乏合作文化的引领,这种合作仍是"人为"的合作——通过固定程序来制订教师合作计划。专业学习共同体所提倡的合作型文化不是人为合作,而是外语教师自愿自发地进行合作学习,以尊重、信任和共享为纽带,为共同愿景的实现而奋斗。缺乏合作文化引领的"人为"合作不是专业学习共同体提倡的外语教师合作,不仅不利于共同愿景的实现,反而会加重外语教师负担,甚至会产生"表面顺从,内心抵触"的现象。如果学习共同体内不能建立合作型文化,实际合作的过程就无法实现,从而导致合作的初衷与实际情况出现偏差。

（四）工作责任因素

进行教学反思需要充足的时间支持,而外语教师过重的任务会挤压外语教师进行反思的时间和精力。如果只是利用碎片化时间,则会导致反思缺乏系统性,效果不佳。由此可见,外语教师工作任务过重是导致外语教师缺乏反思时间和精力的重要原因。过多的事务耗费了外语教师大量的精力,外语教师工作已经从校内延伸到校外,只能在有限的时间里进行教学研究工作,外语教师反思的动力会降低,反思的方式也会趋向于单一的自我总结或反思日记,而且在碎片化的时间里进行教学反思会缺乏系统性,不利于外语教师回顾完整的教学过程,导致反思内容不全面,也不利于集体反思的开展。

（五）学校客观条件因素

学习共同体的发展建设必然受到学校条件的制约。学校的规模、师资与生源以及学校的规模和经费等客观条件是影响学校建设外语教师专业学习共同体的直接因素。由此可见,学校的客观条件对外语教师专业学习共同体建设影响重大,学校规模过小、资金不足等现实因素限制着专业学习共同体中外语教师所能接受的培训与资源,外语教师的学习需求得不到满足。此外,学校的客观条件也制约着外语教师专业学习共同体的管理机制,制度建设和评价激励体系等得不到物质条件和人文环境上的保障,导致外语教师专业学习共同体组织无序、评价体系混乱。综上,学校的客观条件不足导致其对外语教师专业学习共同体的支持性条件不足,学校缺乏人文环境的建设和实际执行的条件,无法为外语教师专业学习共同体提供针对性资源。

第三章

学习共同体理论视阈下外语教师专业发展的路径

近年来，外语教师学习共同体逐渐吸引了越来越多学者的关注，其对于调动外语教师的积极性、提高外语教学技能与实际效果都具有不可替代的优势。本章就围绕外语教师学习共同体建构的路径展开论述，具体涉及外语教师学习共同体建构的步骤、策略与机制等内容。

第一节　外语教师学习共同体建构的步骤

一、主体间性是外语教师学习共同体运作的前提

（一）共同体成员在互为主体关系中的平等对话

外语教师学习共同体的所有成员在学习与实践的过程中都离不开交往行为，哈贝马斯认为，交往行动是人们之间有意义的互动，建立在两者及两者以上之间的社会关系中。外语教师在交往过程中，选择什么样的交往，在何时何地交往，都有其自身的独立性。交往的双方主体都具有平等的人格和地位，不论是学校领导还是外语教师，每个人都是独立的。外语教师学习共同体成员之间的交往以相互学习、合作和分享为特征，需要利用对话和交流来创造主体间性，求同存异，相互鼓励，实现共同的愿景和美好的目标。这种主体间性是通过外语教师之间的平等对话和相互理解而产生的，表现为外语教师在共同的生活世界中的积极互动，外语教师在共同体发展中自身也会得到成长，二者相互作用实现自身的发展。外语教师和领导、同事之间不再是主客体二分的关系，不是一方对另一方的压制，而是形成一种"主—主"关系，即在外语教育中表现为一种主体间性。追求平等意味着所有成员放下上下级身份，以平等和谐的态度参与到学习共同体的发展中。外语教师之间地位平等，以对话交流的方式践行主体间性，每个人都可以分享自己的教学实践经验，大家互相学习与借鉴，老外语教师可以听取新外语教师的意见并做出改变，促使优秀的外语教师敢于表露自己的想法，因此学习共同体才会处于互教互学、教学相长良好的氛围中。并且，学习共同体的最终目的指向的是学生学习，外语教师将育人乐趣和成就感以及道德境界的升华作为奋斗目标。因此，这是一个创造性的发展历程，是变化的，有积极的东西产生。外语教师与外语教师之间、学生之间会产生各种各样的火

花,这些东西能够促进成员间和谐发展。

（二）共同体成员在相互尊重与理解中共同发展

人是社会中的主体,要想实现个人与他人之间的相互认同,必须依靠人的个性化和社会化。人的个性化和社会化过程以道德意识的形成和发展为核心,以语言符号为中介认识与理解道德规范,最终实现自身存在与发展的意义。人类的交往活动可以传播信息、构建交往关系、表达观点和情感。因此,在社会交往过程中,交往主体用同一语言符号对同一事物产生相似的理解和看法,从而能够自觉遵守同样的制度规范,采取统一认可的行动。根据哈贝马斯的观点,成员之间的社会交往建立在平等且和谐的环境基础上,有意义的交往互动是主体间社会交往的保证。交往主体只有具有一定程度的默契以及行为关联的情感互补时才会通过真诚的态度袒露自己的内心。这种交往互动也对互动的主体提出了更高的要求,言说者和听者必须达成"深度互通","深度互通"即两者间的相互理解。相互理解既要求言说者如实表达内心想法,也要求两者具有平等的说话权力。聚焦到外语教师学习共同体,考虑到外语教师职业的特性,外语教师更应以相互理解为基础,通过语言的信息沟通与同事及教育对象达成交往默契,实现情感诉求。由此,外语教师在交往过程中应以平等的态度对待他人,在相互借鉴与学习中,不断提升自身学科素养,积累教学经验,实现教学能力的螺旋式上升。

二、交往对话是外语教师学习共同体的交往方式

（一）借助语言媒介进行有效交往活动

哈贝马斯在研究普遍语用学时就关注到语言的重要作用,并将语言的交往作用延伸到自己的研究中。哈贝马斯曾经说过,对人类自主性和责任的兴趣并不是一种幻想,因为它可以成为先验的东西。使我们凌驾于自然之上的只是自然,而我们所理解的东西则是语言。我们通过语言的结构将自主性和责任强加于人,而我们说出的第一句话就清楚地表达了共识的普遍性和不可避免的意图。哈贝马斯的有效性主张和交往资质理论都论证了正确选择语言的重要性。正是通过语言，一个人可以使自己被另一个人理解，必须站在语言实践的立场上，交往理性才能获得发展，也就是说，以交往理性为研究对象的哲学是一种语言哲学，指的是哈贝马斯所说的形式语用学。形式语用学的基础是处理语言的交际性的意义理论，也就是处理决定主体之间相互理解和一致的可能性的条件。学习共同体中外语教师就是通过交往开展学习与实践，在进行信息交流的过程中共享知识、转化知识。这个过程不仅仅是传递或独白式地接收一切信息，还需要反思、质疑，深刻地进行思想上的交流。外语教师间处在平等的地位，要尊重所有言说者表达的观点，也要善于运用合适的语言提出意见，交换思想。换句话说，成员之间的语言交流的目的不仅是传达和传递已有的东西，还要用语言创造新的东西，并相互补充。

（二）遵守普遍的规范与交往标准

外语教师学习共同体本身是一个独立的组织，外语教师们在交往时避免不了一些障碍，这时候需要建立一个新的交往空间，制定一些普遍的规范和标准来帮助外语教师进行交流沟通。"公共空间"就是这样的一个概念，它依靠的是交往双方之间的沟通和交流。交往共同体建立的原则有以下三条：首先是平等的原则，也就是说交往参与者在进行交往时要全部站在平等的地位上，不能一方施压另一方。其次是交往的理性原则，交往参与者要坚决遵守言语规范及规章制度，在同一个理性层面上进行交流。最后是开放性原则，即在公共领域里，每个人都应该充分表达自己的观点、想法、分歧和要求。使用语言时必须尊重其中的一些表达规则，以便合理地表达客观事实，正确地与他人交流，实现语言的真正传递，使参与者的交流方式符合有效、合法和真诚的交流标准。通过对哈贝马斯的三个交往原则进行分析可以得出，"公共空间"必须遵守的尺度就是平等地位、真诚与有效对话。在学习共同体中，外语教师来自不同的意识形态背景，可能对某一问题有不同的看法，但在真正的交流中，他们不能带有偏见，而要用礼貌合理的语言，尊重事实，遵守交流规范，诚实地表达自己的意见和要求。因此，话语中的对话和交流必须建立在尊重他人意见的基础上，建立在尊重、理解、自信和真诚的基础上，建立在社区组织应有的交流规则上。

三、生活世界作为外语教师学习共同体运行的现实基础

（一）生活世界是外语教师学习共同体的现实背景

外语教师在学习共同体中拥有相同的发展空间，也就是外语教师的生活世界，这种发展空间主要包括三个。客观世界能够体现客观、真实的事实情境；社会世界能够帮助个人处理好自己的人际关系；主观世界使个人能够在一定程度上展现自我。生活世界为外语教师的发展提供了背后的支持，不仅是知识、文化层面的支持，在信念和外部资源上也给予了一定的帮助。外语教师处在这个具有相同背景信念的世界里，需要建立信任的关系，主体只有在受信任的氛围中才会达到交往成功。外语教师们要做的就是接纳其他成员，注意用语言和行动创造一个充满信任、尊重、理解、友爱的大环境。生活世界有一个突出特点就是具有经验直观性，是一个具体的总体性世界。哈贝马斯形象地揭示了这种日常经验可感受到的直观性特征，"个体的生活历史和主体间的生活方式共同构成了生活世界"。另外，生活世界会因交往主体的经验增长、环境改变而持续发生变化，所以生活世界构成的三个客观、社会和主观世界才能彼此交汇。外语教师学习共同体的成员不仅只有外语教师，还有学校领导、专家等，需要成员之间相互尊重，摆正学习的心态，相互促进，而不是由一个人的权威来控制。要懂得关注和欣赏新外语教师，推动资深外语教师共享实际经验，创造一个信任与尊重的生活世界。

（二）生活世界是外语教师学习共同体的主要场域

生活世界还为其提供了良好的交往场域，使得交往主体间的交往行为得以开展。共同体成员之间的互动也是根植于生活世界的，也就是说外语教师间的话语互动是取材于生活世界的。在交流过程中，外语教师要表达自己的观点，对其他观点和论点的理解、质疑和批判，以及建构和创造新的意义，都取决于他们对自己所处世界的充分体验和从中获得的智慧。学习共同体在开展各项学习活动时，比如课例研究，需要的不仅是外语教师现在和将来的教学经验，还有他们过去所经历的个人生活

内容,这些内容将逐渐成为指导他们未来思考和行动的"影响史",塑造他们对未来的规划和行为,并且影响他们对未来事件的选择和自身经验的方向转化。过去的经验可以通过外语教师个人传记的形式来展现,一方面,传记鼓励自我反思,加深对自我的理解;另一方面,传记可以作为鼓励和激发自我发展的专业承诺和动力,促进寻找个人专业化的新方向和新策略,培养高度的专业意识和自信心。生活世界帮助外语教师集体专业发展,是学习共同体赖以支撑的主要活动场域,生活世界就是我们的日常生活世界。

第二节　外语教师学习共同体建构的策略

一、课堂视频与外语教师学习共同体建构

(一)课堂视频对外语教师学习的支持

1.提供真实的课堂情境

情境学习理论认为基于课堂视频的表现形式能够提供一个替代现实生活的环境,而且这样的技术可以在不牺牲真实情境的情况下使用,而真实情境正是该学习环境设计的一个关键因素。麦克莱伦(Hilary McLellan)根据情境学习理论指出,知识必须在情境中学习,而这个情境可以是:实际的工作环境、一个高度现实的或虚拟的实际工作环境的替代物或者一个固定的情境。借助课堂视频,外语教师可以直接观察课堂上发生的事情,这种真实的情境刺激是多方位、多感官的。视频包含音频和视觉数据,携带了关于语言和非语言互动的信息,反映课堂活动的复杂性,既丰富又多层次,正是课堂视频的这种包罗万象的潜力使得其被称为"实践的窗口"。此外,现场的同步和录制的异步课堂视频还为外语教师提供了观察自己的教学或观察他人的教学的窗口,使外语教师能够获得对课堂动态的画面描述,这是用其他方式难以获得或无法描

述的。有学者指出外语教师的学习是一种基于情境的学习,不管是多么先进的外语教育理念,如果外语教育工作者在向外语教师进行讲解和解读时不能与外语教师实际的教学实践相结合,离开了他们所熟悉的、生动形象的课堂情境,外语教师往往就难以理解和领悟这些理念的真实含义与要点,课堂视频则呈现了这样一种真实的、复杂的课堂情境,给外语教师提供了相对来说足量的事件信息,让外语教师可以真实地体验教学、体会和认识真实教学情境中发生的事,为外语教师内容上的学习提供了具体的情境支持,有助于激活外语教师的认知,促进外语教师产生"沉浸、共鸣、真实性和激励性的体验"。

2. 促进外语教师的反思、表达与对话

一方面,情境学习环境设计强调促进反思以形成抽象思考,课堂视频正是这样一个强大而灵活的工具,可以激励外语教师回顾自己或他人的实践。当然,视频能够作为反思的工具源于其对课堂复杂性的动态捕捉能力,可以记录外语教师在上课时可能没有注意到的课堂活动的各个方面。基于视频的课堂观察非常有利于外语教师观看、分析与反思,因为课堂一旦被录制为数字视频数据,就会产生持久的实践记录,支持多次回放,以便外语教师在重复观看时进行更深入的分析,也支持外语教师在需要时返回课堂视频的任何部分,并根据反思采取行动。而且由于课堂视频提供了教学实践的具体展示,还能避免书面描述或是个人回忆导致的模糊性表达。另一方面,情境学习理论提倡表达以使包括实践性知识在内的各种隐性知识能够显性化,课堂视频作为一种交流手段,其即时性和生动性对外语教师的思考、讨论和对话有很强的刺激作用。课堂视频可以给外语教师提供一个真实的课堂教学场景,外语教师在这样的场景中更易"触景生情",在这样具体场景的刺激与支持下,外语教师的实践性知识得以具体化和可视化,外语教师的隐性知识得以外显,并在外语教师的表达交流中促进其隐性知识的共享与内化。

3. 提供独特的教学示范

首先,课堂视频提供了一种独特而有效的教学示范,能够说明课堂上的复杂情况,而这些情况可能难以用语言表达,课堂视频一定程度上比语言文字表达更清楚、更有力。其次,外语教师的课堂教学工作往往是个人单独进行的,很少有时间和机会去了解其他外语教师的课堂教

学工作,即使有现场的观课、听课,往往也是费时费力且课堂转瞬即逝,不易记录,但是通过课堂视频,外语教师可以接触不同的学校课堂、其他外语教师、各种各样的教学策略和课堂文化。除了不同学校的课堂,同一所学校的外语教师也可以通过课堂视频看到与自己的教学方法不同的教学方法,在共享同一个学生群体并使用类似课程材料的情况下,外语教师可以比较自己与其他外语教师的教学实践、教学风格和教学策略,并进行即时的交流讨论。

最后,无论是展示最佳教学实践的课堂视频还是典型教学实践的课堂视频,都有助于外语教师学习。最佳教学实践的视频材料更能促进外语教师学习新技能,而典型课堂实践的视频能让外语教师感觉更有动力,更积极地参与学习,甚至观看非常糟糕的教学实践课堂视频也是有价值的,它能让外语教师了解真实的课堂,了解外语教师在现实课堂中的困境和决策。

4. 提供向专家型外语教师学习的机会

情境学习环境设计还提倡让学习者接触不同水平的专家并学习专家的思考过程,课堂视频是一个向专家型外语教师学习的好工具。专家型外语教师的知识往往是高度情境化与个人化的,脱离了具体的教学问题或情境很难去呈现出来以指导学习者,但借助于课堂视频展示的具体课堂活动,这种知识能更清晰、方便地呈现给学习者,课堂视频如同一座桥,将专家型外语教师与学习者连接起来。通常来看,专家型外语教师有两种方式介入课堂视频,一种是作为课堂视频案例的主体进行教学示范,如上一点所说;另一种是作为辅助者对课堂视频案例进行点评,当专家被要求观看和解释课堂教学视频时,与新手外语教师相比,专家型外语教师往往不仅能够识别关键的教学时刻,而且能对观察到的教学提供更连贯、更丰富的解释。此外,当专家型外语教师介入基于课堂视频的讨论时,还有助于在关键时刻为外语教师学习者提供指导,这亦是情境学习理论所倡导的。

(二)基于课堂视频的外语教师学习共同体构建

下面结合学习科学领域的研究成果,以学习科学家布兰思福特等人提出的学习环境四维视角透视为分析框架,分别从学习者中心环境、知识中心环境、评价中心环境和共同体中心环境四个角度来审视分析基于课堂视频的外语教师学习。

1. 以学习者为中心的学习环境

以学习者为中心的学习环境试图建立在学习者的优势、兴趣和需求之上，尊重和理解学习者先前的经验与知识，并以这些经验和知识为基础为新的理解搭建桥梁。每个学习者知道什么、关心什么、能够做什么、想做什么等都值得被关注。关于建构主义学习的许多研究都指出学习者在运用已有知识进行新知识的建构时，其对新知识的理解和解释会受到当前知识和观念的不同程度的影响，已有知识对新知识的获取既有帮助，也有妨碍。有效的学习应开始于学习者的已有知识，其中包含他们的文化实践、信仰和对学科内容的掌握程度，并且尊重学习者的特质、表现的多元性。美国国家科学院、工程院和医学院的报告《人是如何学习的Ⅱ：学习者、境脉与文化》指出"每个学习者都会在生命进程中发展出独一无二的知识序列和认知资源，它们由学习者的文化、社会、认知及生物等境脉的相互作用所塑造。理解'人如何学习'，其核心在于理解学习者在发展、文化、境脉和历史上的多样性"。由此看出，以学习者为中心的理念正是学习科学研究所强调与推崇的。

就外语教师学习而言，很多旨在促进外语教师学习的专业发展项目会较少考虑外语教师的经验、兴趣与需求，常常由规定的讲座和并不适合外语教师需要的工作坊组成，因此，外语教师作为学习的主体这一原则是需要被认真考虑的。以外语教师为学习主体的学习环境强调外语教师要有学习自主权，并将外语教师已有的知识和经验纳入考虑之中，当外语教师可以选择学习的重点，并在自己选择的时间内完成任务，且学习任务是建立在外语教师原有知识的基础上，与他们的个人兴趣和信仰相一致时，外语教师学习的积极性会越来越高，学习也会更有效。由此观之，将外语教师看作学习者的学习环境主要强调外语教师主动参与活动与意义建构、外语教师的兴趣需求以及外语教师先前知识经验和已有及形成的观点的重要性，外语教师的学习活动应以此为基础进行设计和组织。

2. 以知识为中心的学习环境

有效的学习环境还必须以知识为中心,仅仅试图学习一般的问题解决方法和技能是不够的,思考和解决问题的能力培养还需要组织良好的、能在合适情境中应用的知识。例如,专家们思考和解决问题的能力并不仅仅是由一套通用的思考技巧或策略构成,而是还包括组织化的知识体系来支持其规划和策略上的思考。以知识为中心的环境强调帮助学习者对与某一领域相关的概念进行自己的组织,以便他们能够将这些想法应用于新问题,即重视学习者发展知识,以促进他们的学习迁移到新的环境中,并将他们的学习应用到开放式挑战中,如问题的解决、批判性思考等。

在外语教师知识学习方面,通过对比新手外语教师与专家型外语教师知识研究发现,外语教师的职业发展依赖于三种不同的知识:原理知识、案例知识和策略知识。新手外语教师的知识结构以原理知识为主,如一般教学法的知识,这种知识属于显性知识,存在于书本中,较容易掌握;有经验的外语教师在实际的教学实践中逐渐积累了大量案例知识,这些知识是具体的教学案例及个人的经验知识;除了拥有原理知识与案例知识之外,专家型外语教师还拥有运用教育学、心理学等原理规则于其他案例的策略知识。案例知识与策略知识均属于隐性知识,这些经验和策略往往来源于外语教师直接的教学经验,隐含于真实的外语教育情境而难以抽离。因而,外语教师学习的一个重要任务就是通过真实的课堂情境帮助外语教师建构与教学活动相关的案例知识、策略知识等情境性知识,促进其经验和知识迁移到其他教学情境中。

课堂视频有助于连接起外语教师的理论知识与实践经验,将外语教师的学科知识、外语教育理论、一般性方法及对于学生和当前外语教育教学的具体情境、具体实践的认识融合到一起,促进其情境性知识的建构。一方面,课堂视频"为抽象理论的生动诠释和抽象模式的具象呈现提供了便利";另一方面,专家型外语教师所介入的教学视频案例为实践经验的聚焦与提升提供了支持。在将课堂视频用于支持外语教师的情境性知识学习时,一方面可以是专家型外语教师在点上单独展示其课堂教学及相关教学策略供外语教师学习,专家型外语教师对其课堂视频的展示有其自主权,外语教师与专家型外语教师之间是直接连接的关系。另一方面,还可以是与点相对的呈线性的包含课堂视频在内的一系列学习型材料,由第三方将诸多课堂视频进行系统整合并进行与之相关的学习资源设计,外语教师与拍摄课堂视频的外语教师之间呈现间接连接的关系。

3. 以评价为中心的学习环境

以评价为中心的环境为学习者提供了评价反馈机会,让他们通过实际尝试并接受反馈来检验自己的理解,发现潜在的、可能是错误的想法,从而引导学习者进行改进与纠正。学习者需要在合适的条件下,通过恰当的方式,通过及时的、有意义的反馈对学习进行调整。科学、公正、有效的评价应该是以学习者为中心的,不仅重视他人对学习者的评价,学习者自身的评价与反思同样重要。当然,评价也需反映不同情况中的学习目标,与学习目标一致,有效的学习环境应与明确的期待相伴而生,并实施与这种期待相对应的评价策略。

就外语教师学习评价类型而言,依据不同的评价维度有不同的分类,这里以评价功能为标准,将评价主要分为两种类型,即终结性评价以及形成性评价。要对外语教师工作做出科学的评价,不仅要包含终结性的评价,更要有形成性评价。形成性评价是在外语教师教学过程中为了不断提高其专业水平、提高教学质量而开展的发展性评价。这类评价更重视评价的过程,注重外语教师将来的职业发展,而不只是着眼于外语教师以前的工作业绩,更有助于外语教师与评价者之间平等关系的构建,促进外语教师的专业成长和教学专业水平的提高。

课堂视频是对外语教师进行形成性、发展性评价的一种有效数据载体,借助于记录外语教师日常真实工作的课堂视频,各方评价主体可以对外语教师的课堂教学进行反复细致地观看,并提供针对性的反馈以及清晰的视频实证记录以指导外语教师反思自己的教学,推动外语教师教学实践的发展,支持外语教师的教学改进与专业成长,一定程度上有助于形成数据驱动的外语教师评价新范式。

在利用课堂视频支持外语教师的学习与评价时,可以从宽度与深度两个方面入手。宽度具体指运用多种课堂视频观察工具、多种评价手段对课堂视频进行评价,以确保评价的信度与效度,开展精准评价。深度具体是指评价的内容深度,一方面通过时间上的纵深度来体现,另一方面更加侧重于对外语教师的反馈及其不断改进。也需反映不同情况中的学习目标,与学习目标一致,有效的学习环境应与明确的期待相伴而生,并实施与这种期待相对应的评价策略。

4. 以共同体为中心的学习环境

以共同体为中心的环境强调学习者可以从他们周围的学习者那里获得许多见解与启发,提倡学习者之间有目地地互动以促进和维持学习。班级可以作为一个共同体,学校亦然,更大范围的共同体甚至可以包括家庭、行业、城市、国家以及虚拟世界等。

促进外语教师学习的一个重要方式是发展实践共同体。实践共同体以课堂教学中实践性问题的解决为目标,对于解决外语教师学习中的知行脱节问题,提高外语教师专业发展的实际效果具有一定的指导意义。外语教师实践共同体打破了教育者和学习者的界限,改变了专家讲、外语教师听的局面,通过共同体的方式把外语教师们组织在一起,为其提供了一个基于日常教学实践活动和问题解决的分享协作平台,每个外语教师都可以根据自己的背景分享自己的经历,参与共同体的协作和学习,从而建立外语教师之间开放、民主、平等的对话协作关系,构建合作型外语教师文化,外语教师亦在共同体中发展其情境化的实践性知识,提升外语教师学习有效性及其实践智慧。

在外语教师实践共同体中,课堂视频是支持外语教师学习的有力工具。情境学习理论认为只有在丰富真实情境中运用知识,人们才能真正理解其内涵并灵活运用,外语教师在学习中亦需要真实的情境,课堂视频为实践共同体中的外语教师创建了丰富真实的学习情境,当外语教师与其他成员进行分享交流时,课堂视频提供了生动形象的情境记录,使外语教师在学习时可以发现问题、讨论问题,也使得外语教师在讨论时有物可依。此外,在共同体中运用课堂视频还增加了外语教师分析和反思课堂教学的新视角,一方面,通过对课堂视频进行回顾与分析,外语教师会有不一样的学习发现和体验,有研究指出,观看课堂视频的外语教师对自己的教学写出了更具体的评论,将反思的重点从课堂管理转移到教学上,并且与基于个人记忆的反思相比,他们更少关注自己,更多关注学生;另一方面,在实践共同体中外语教师们一起分析视频,相比外语教师个人进行课堂视频分析,多位外语教师讨论课堂视频的方式亦是一种新的课堂分析视角,其他外语教师成员将自己的教学经验、教学策略等带入学习共同体中,扩展了外语教师个体看待课堂教学的视角,有助于外语教师们相互学习借鉴、共同发展。

在利用课堂视频支持外语教师共同体中的学习时,可以依据实践共同体三要素——相互的介入、共同的事业和共享的技艺库中的共同的事业维度,将共同体类型大致分为两类:一类是共同体中共同的事业比较明确清晰,另一类是共同体中共同的事业稍显模糊。

二、外语教师知识共享与外语教师学习共同体构建

（一）外语教师知识共享的机制

外语教师知识共享依托于外语教师互动,是知识的动态传输途径。立足于交往理性的外语教师知识共享更倾向于人的主体间性,强调在行为中的对话、理解和共识。接下来将从交往理性视阈下具体分析外语教师知识共享的机制,一方面从交往理性的应然机理阐述外语教师知识共享的价值基点、核心要义、终极旨归等,另一方面借助编码获得的分析框架,白描个案学校外语教师知识共享的文化动力、对话互动、环节过程以及组织支持等实然样态。

1. 外语教师知识共享的应然机理

哈贝马斯将人的社会性作为其哲学研究的出发点,并且认为人是一种生存在于公共空间中的"政治动物"。人若想要获得长久的发展,自然需要在"你与我"的交往中不断发展。当外语教师的知识共享活动从价值省思这一向度出发,则不难明确外语教师知识共享的核心需求。这能够为外语教师的知识共享提供内在动力,使外语教师的知识共享活动具有稳定性,并能保持良好的发展方向和运行状态。知识的形成与生发离不开认知与反思,离不开对生命的好奇和对偏见的摒弃。外语教师作为外语教育场域的实践者,会面对诸多充满价值冲突的情境,即使能够做出适当的判断,也不一定能够言说其原则,进而内心的知识与经验遭到遮掩。从知识的生发上来说,交往理性正为内居于外语教师内心或行动中的知识提供了发散与言说的场域。交往理性希望通过主体间理性达成交往主体的共识,其共性在于一致的规范、知识共享以及真诚的信任。从外语教师知识的性质上看,外语教师难以言说的正是"藏在冰山下的大多数"。对外语教师个人而言,当居于可信任的,具有合理化、信

任化的交往情境中,或通过言说或通过不自知的行为语言分享自己的教学行为与经验时,其内蕴的隐性知识已然得以显性化。若是为外语教师的知识共享搭建足够的信任空间,外语教师便能够借此完全表达自己的观点,知识也就得以从"自我"向"他我",从个体到群体转化,进而难以言表的知识也得以阐明。

2. 外语教师知识共享的核心要义

交往理性冲破了工具理性"主客体二分"的思维方式,关注主体间关系,关注理解。当外语教师通过交往共享知识,互动与对话也就不仅仅是达到认知结果的方法。在知识共享活动中,外语教师间的互动应是"敞开"与"接纳",在这种多元开放的关系中,交往主体能彼此承认,且只有在民主协商中实现自我觉醒与意义建构,互动过程才能激发"突变",生成新知。外语教师在意义生成的互动中能够推动知识结构或符号体系的重构与更新,而不是对已有认识的重复与客观再现。

理想的外语教师知识共享通过对话互动实现碰撞,其核心要义在于彼此视域融合。在平等和谐的语境中,交往主体通过话语实现有意义的差异性互动,落实充分的话语表达权。在交往理性下,语言建立起了理性的话语情境,奠定了理解的基础,而外语教师在组织中进行的知识共享能够成为外语教师之间对话的内在生发点,实现知识的传递和流动,而共享的意义也正在于通过对话的互动不断汇聚与更新。在这种言语互动的交往过程中,外语教师主体将自己的理解视域投射向对方,从而形成初步的理解和沟通。当交往主体的关注焦点不断随着话题而改变,其视域亦需要在彼此承认的基础上实现包容和开放,并在知识共享中寻求理解和融合的可能。这个进程的第一步是对自明性的解放,尽管其受限于理性,但具有无限发展的可能;接着便是对历史视野与理性判断的质疑;最后是构建完整的高层次思域。在知识共享过程中,外语教师将自己视为一个"视域缺失"的系统,承认自身视域的差异和可建构性,并借由言语互动实现知识的共享,进而使得深层次的理解与反思成为可能。

3. 外语教师知识共享的终极旨归

知识型社会实质是一种学习型社会。在知识社会中,个人和组织需要打破学习和沟通的障碍,借助发展组织中的成员工作网络和人际关系的社会资本克服标准化压力,在互动合作中不断信任他人,为组织的发展做出承诺。由此看来,外语教师知识共享的终极旨归是通过知识的再生产,打造螺旋稳定的上升结构,实现外语教师和组织的发展。

在知识共享的"创造空间"中,人们自觉地、全身心地致力于一个共同的目标,通过人际互动和环境互动产生新的知识。按照理性主义知识观的逻辑,知识具有客观性、普遍性和公共性。对外语教师的知识而言,实践性与理论性知识共同架构起其知识的层级,并具有其合理性价值。交往理性将外语教师在实践中形成的主观、零散和个人化的经验推到"幕前",不再单单将通识的学理性知识奉为圭臬。外语教师知识共享通过个体与组织间的联结,将个体知识与实践智慧"公共化"。故而当外语教师在组织中生发有意义的知识时,也是组织知识的再生产,管理者在行动中借助组织知识不断改进、延伸与重建"资料库",以实现知识的再超越与再发展。

（二）基于外语教师知识共享的外语教师学习共同体建构

1. 细化文化理念,调动知识共享愿景

（1）明确知识共享需求,激发共享情感能量

哈贝马斯的交往理性是一种重建了的理性,这种"重建"不是对工具理性的摧毁,而是在融合价值理性的基础上改造工具理性。虽然在对工具理性的批判中,不少研究将工具理性下的行动视为利益驱使,其目的和手段与价值理性相比而言不够恰当与纯正。但是不可忽视的是,工具理性也因其可视化的行动结果使得目标的实现更加具有导向性。所以在知识共享的外语教学交往过程中,不能完全把工具理性"拒之门外",而需要建立合理的价值取向,平衡外语教师知识共享目标设定中的工具理性与价值理性。在这一层面,组织需要树立外语教师知识共享的合理理念。理念的设定既要结合学校的特色文化与办学思想,也应当考虑外语教师的实际需求,关注外语教师交往过程中的自我主体,激发外语教师的"情感能量"。

人类是最具情感的动物。外语教师在进行知识共享时,本质是参与了外语教师间的交往过程,不免倾注自身的情感。柯林斯在对"情感能量"的系统论述中,其主要观点是外语教师在知识互动中追求的是情感

能量的最大化。在这里提出外语教师"情感能量",其实是关注外语教师的知识共享情境的创设。外语教师的一切互动都发生在一定情境中,外语教师知识共享也不例外,这与微观社会学的"情境"不谋而合,因此在外语教师知识共享的互动情境中激发外语教师的情感能量是必要的。在情感能量较高的场域中,经由外语教师形成的社会关系网络,外语教师能够感知自身的主动性,使外语教师在社会互动中采取主动行动。所以,在理解外语教师的知识共享信念和需求的基础上,需要架起外语教师情感能量的桥梁,将外语教师主体置于开放、民主、平等的学校文化中,为外语教师知识分享提供安全信任的文化环境。当组织环境在强大的"情感能量"中呈现出精诚合作的氛围,外语教师个体间也会形成尊重、平等、共享的氛围与支持型的社会交换关系。因此,明确外语教师知识共享需求,激发外语教师的情感能力能突破外语教师的"领地思维",激发其"亲社会化"的行为意愿,进而有效地规避组织知识的"混沌"与"紊乱"。

在具体的互动过程中,学校应针对外语教师与管理层之间的需求开展讨论活动,使外语教师能够直接或者间接地向上级管理层表达自己的知识共享需求,以规避管理层级对知识共享活动目标创设的"一言堂"。还应当发挥集体智慧,形成集体共识,以此激发外语教师的知识共享参与热情。在共商共建知识共享的目标后,下设的教研组、备课组层面还应依据学科特点明确本学科、本年级的长期、中期和短期目标,使外语教师知识共享活动的开展不再是为了"完成任务",也不再是"单纯的分工",而应当成为一种外语教学智慧碰撞的场域。

(2)重视主体联结差异,提升组织信任活力

群体动力学强调群体合作,认为在群体中的信息交流能引发学习动机,与非群体性相比具有更高的工作效率。随着社会知识的快速更新,外语教师参与知识共享活动,在共享中生发新的知识,比自己"单打独斗"更加高效。外语教师的知识共享活动是人与人之间的互动行为,而交往理性也强调从个体的主体性转向主体间性。但是外语教师间由于性格、学历、学科等影响,在知识共享中产生了不同的强弱联结关系。在建设信任型的组织环境时,需要关注这些不同的联结关系。

"强联结"下的外语教师知识共享指向平等互惠的同侪型外语教师关系,其角色定位于关系密切的"熟人外语教师",应当关注其情感反馈需要。外语教师彼此间即使没有行政性的关系联结,也会产生自主的

自然合作,能在主动的共享中激发广泛的外语教学智慧。在"弱联结"的外语教师关系中,应当创造额外的合作条件。这些外语教师人际关系较为陌生,并且存在专业知识、观点态度等层面的差异,需要利用好这些"额外"的弱联结特点,能够增强外语教师知识共享的丰富性。特别是对于具有一定经验的成熟期外语教师而言,"精益求精"的知识关系模式能够帮助其拓展思路,获得不断提升的动力。此外,对于不同专业地位的外语教师关系而言,当其存在较为显著的资历差异,则应当采取"层级化"的联结方式,在尊重彼此主体地位的基础上实现互通有无。所以,应当以其中的"核心人物"或"权威"为中心,在知识共享中关注那些"沉默"的外语教师的内心世界,加强"弱联结"环境中各类外语教师之间的合作,强化其情感关系。总体而言,组织应当尊重多样化的外语教师情感联结行为,尊重不同外语教师个体知识的差异性和多样性,在外语教师知识共享活动中引进并接纳不同层级的外语教师,针对不同的学科与学段层级,形成多元的知识源流和多元的关系定位,通过差异化的信任文化的建立促成外语教师主体间共生关系的生成,激发组织的信任活力。此外,由于社会结构对外语教师知识共享的影响,组织以及社会秩序对知识共享的作用也不可忽视。以往在集体主义的社会结构中产生的协同合作与集体价值促使了外语教师知识共享文化传统的形成,而在当下的知识型社会中,外语教师间的竞争与合作共存。由此,组织、政府等需要加强对外语教师的专业化培训,为外语教师的知识共享提供意识与能力上的提升平台,以此鼓励外语教师将知识共享的文化传统与有效性延续下去。在这种多维度的支持下,外语教师在共享活动中感到被尊重,更能唤醒其内心对自我的知识的反思与体认,强化其对集体知识发展的意愿,增强其对组织的信任,知识共享活动也会更具有持久性。

2. 丰富主体对话,厘清知识共享价值

理论层面的"对话"现已完全超越了语言学的范畴,往往被视为一种人的存在方式或关系。交往理性本身存在对话性,但是在实际的外语教师知识共享过程中仍存在对话的"失真"。外语教师在知识共享中既是"言说者",又是"倾听者"。只有厘清知识共享的价值,丰富对话关系,外语教师才不至于在"权威"之下丧失言说的权力与自由,不至于成为"失语"的言说者和"被动"的倾听者。

（1）关照知识共享"他者"，促进主体角色体认

传统意识哲学强调单独的主体，交往被物化，"他者"成为达成主体目的的某种工具。而当意识哲学范式转向语言哲学范式后，主体间性才逐渐凸显。平等交往的更深意义在于，外语教师能够探寻到内心深处的本真自我和潜在能量。外语教师知识共享应当遵循主体间性原则，交往主体也应意识到"自我"是作为主体而存在的，这是知识共享发生的前提与基础。故在外语教师知识共享的目标、方式选择上，需要尊重外语教师参与的主体性，并且要活跃交往形式，增强外语教师的能动性，避免交往方式的僵化。

主体间性为走出外语教师自我中心的关系困境提供了新的契机，表达了基于不同的主体存在而形成的主体间的可能关系与交往样态。在这一层面上，主体间超越了外语教师的"个人主义"，促进外语教师以平等的方式对话。而外语教师作为现实的人，基于其自身存在的经验，在知识共享中不断与"他者"接触，以至实现"视域融合"，这是外语教师知识共享的应然样态。外语教师知识共享中主体间关系是作为精神的交流、对话和共享而存在的。在主体间关系中，外语教师在相互敞开与接纳的过程中实现自我知识的延伸，这种相互回应的对称性关系的建立也需要外语教师承认彼此的主体角色，进而实现彼此的"悦纳"。对于外语教师的主体间性关照，还应当根据外语教师共享的知识特点与类别，丰富外语教师的知识对话来源。而对外语教师个人而言，外语教师在多元的知识源中交换异质性观点，感悟到"他者"的平等性，进而突破个人主义，回应"他者"的言说，从而对自我在组织中的角色获得新的体认。

（2）建设专业概念话语库，拓展共享对话方式

任何认知和真理都只能蕴含在语言行为之中，而交往行为通过语言达成共识，是唯一全面理解语言在社会行为中作用的途径。在此基础上，外语教师的知识共享应当以问题为导向，拓展丰富对话方式。外语教师通过与同侪伙伴的共享，提升了知识的流通性和可接近性，从而实现了新知识与原有知识的组合升级，在思维碰撞中使各自的知识的价值最大化。由于外语教师的学科、地域乃至文化背景各不相同，故而在进行知识共享时，需要拓展对话方式，以此关注到不同外语教师的知识共享需求，增进同侪理解。比如，针对不同学科的外语教师，考虑其语言和专业词汇的差异，在知识共享时选取较为通用的语言等知识工具；对不

同地域或文化背景的外语教师而言,还需要强调知识共享过程中的多元性与包容性,尊重其在教学、研究等不同方面的差异点。

为了更好地识别知识共享的内容关键节点,对话的方式需要注意"跨越性"。目前的外语教师知识共享活动以单一学科间的交流为主,其实在同一学校场域的外语教师,其"生活世界"具有重叠性,对知识的认知和表达也各不相同。所以在外语教师的知识共享中,可以提供跨学科知识的共享平台,比如,开展跨学科校内培训等,围绕某一主题集思广益,丰富外语教师的知识储备,增强外语教师的知识敏感度,进而把握知识共享中有意义的知识表达,并将其合理地进行转化与运用。需要关注的是,在共享过程中,外语教师语言上的平铺直叙或许能够做到言简意赅,但也可以采用类比、案例、建模等多种表达形式丰富知识共享的理解要义。重要的是,组织中的外语教师专业知识概念话语库的建设也是拓展外语教师言语和理解的知识基础,能够提升其专业话语表达成效,解决外语教师在知识共享中的表达与理解"难题",使其摆脱"孤独"与"疏离",发掘跨层次主体的共享潜能。因而,为外语教师提供专业化的、理论化的学习路径也是必不可少的。共同的认知是外语教师沟通与知识共享的基础。在知识共享的具体言语表述时,应当避免过度概念化和抽象化,以凸显知识的涉身性和情境知觉,关照外语教师的具体实践情境,从而形成个性化的、校本化的知识体系。可通过"辩论赛""知识竞赛"等途径锻炼外语教师的口头表达能力,以提升知识共享的效率。此外,还应跨越时空障碍,在线上线下的外语教师共享中打造多轮的外语教师对话形式,加强对关键知识节点的还原、阐述与追问,增强知识共享的透明度。知识共享的主体或许会因"功利主义"等因素而会省略深度细致的知识,对关键的知识含糊其词、"囫囵吞枣",无法实现有效迁移和应用。外语教师的知识共享对话应当突破单向性与刻板化,需要在规定的对话情境之外扩展主体的对话环境和形式,加强外语教师间知识共享的正式与非正式形式的结合,提升外语教师知识共享的效率。

3. 强化场域管理,提升知识共享效能

(1)着眼外语教师生活世界,拓展知识共享场域

生活世界本身是动态的,在这一"理想话语情境"中的外语教师知识共享展现出开放性、创造性、生成性的特点。外语教师的知识源于生活世界,同时又高于生活世界,体现出动态性、真实性。外语教师所具备

的知识是抽象的,从某种意义上来说,只是外语教师"生活世界"的附着与凝结,但二者同时又是深度互嵌的,具有内在的关联性。只有将外语教师的知识置于"生活世界"的场域,方能发掘出那些被忽视和隐没的意义。所以,外语教师知识共享不能脱离外语教师的"日常"。只有参与并关注外语教师本身的生活实践,将外语教师本身的文化境遇、教学实践与生活状态相关联,才能将知识共享中"欲言又止"的隐性知识显性化。在这种基础上,外语教师才有可能实现自我思维的跃迁。

从"生活世界"这一角度看,外语教师在实体与虚拟场域都应当拥有自由互动的空间。外语教师互动的空间应当是一种群体共享的环境,是知识创造与应用、知识资产配置的平台。一方面,组织需要为外语教师创设正式的知识共享空间。这种空间不应是流动的,其中的设置应当与外语教师的知识共享内容、主题或参与者紧密相关,配置相应的学科或跨学科软硬件资源,给予外语教师固定的、有归属感的场域,外语教师可以在其中查阅资料、讨论问题,也可采用多种方式展现自己的思考与成果。另一方面,灵活设置外语教师的非正式知识共享空间,为外语教师提供知识共享的"安全领地"。在这种开放轻松的空间中,外语教师主体能够放下防备,摆脱"身份"压力,敢于与不同学科、不同层级的"他者"分享自己的"生活世界"。再如,打造校本化的非正式知识共享虚拟化平台。在这个平台上,外语教师可以共享彼此的知识,并能总结自己的教学经验与反思,为外语教师的教育叙事提供简便安全的个人空间。此外,外语教师还能通过这样的平台对自己的困惑征询建议、寻求帮助等。只有将外语教师的知识共享活动置身于外语教师的真实生活世界,外语教师的知识共享才能获得情境性的动力支持,才能在多样化的外语教师互动中增加外语教师的接触率,并创设合理的人际关系。

(2)重视外语教师反思实践,设计知识共享环节

交往理性下的外语教师知识共享活动应遵循其应有的目的开展,在这期间,外语教师不是简单地"出场"与"退场",而是需要在共享行动中反思。因此,在外语教师知识共享的过程中,需要为外语教师预留时间进行反思行动,使外语教师领悟到的知识与头脑中的潜在知识得以显性化与系统化,深化外语教师知识共享的实施效果。外语教师知识共享活动发生在一定的情境中,外语教师基于自身的知识素养和自身对情境的敏感性以及认知的灵活性,将理论知识与实践知识有机结合,从而使反思与行动同时发生。在知识的反思上,还可以以专题沙龙等形式巩固

共享成效。

在外语教师知识共享环节上,需要拓宽结构,重视反思实践。要充分发挥"核心人物"的作用,如教研组长、师傅等,他们的特殊身份、主观期待和知识结构等都能对外语教师的知识共享起到引领作用。其次,依据学校实际情况针对性别、教龄、专业发展水平、职务层级等方面科学设置外语教师人员结构,丰富知识共享的水平与内容层次。

设置并充实外语教师知识共享的管理职位是组织监督知识共享成效的重要一环。知识管理人员既可以专门负责记录、整理外语教师的个人知识,也能够对团体生成的系统化知识成果进行总结,为不同的外语教师群体"量身打造"适合其特点的知识总结环节,确保集体成果不会流失。同时,发掘组织之外的显性知识,并通过集体学习的方式将外部知识引入组织内部,将其有益部分融入知识共享的过程中,汇聚并生发集体智慧,最终实现组织成员的与时俱进。在外语教师知识管理职位的设置上,需要结合组织发展的实际方向,动态设置名额;也要考虑到知识管理职位人员的学科、学段等,并对其在外语教师群体间的人际关系、专业能力等做出基本考量,保证其对于职位的适应度和胜任力。

4. 完善共享制度,辐散知识共享行为

社会发展趋势的变化以及多元化价值观对外语教师交往的影响是潜移默化的,若要在知识共享中守护外语教师的本真自我,还需要硬性制度保障。外语教师知识共享不仅是促进外语教师专业发展的重要渠道,还是一种人际交往活动,因此外语教师知识共享制度的设定需要考虑到人本身的复杂性,健全"专业化"与"弹性化"的知识共享制度。

(1)明晰管理权责,健全评价监督机制

传统科层制下的组织职能与部门分工阻碍了外语教师的纵向交流,外语教师作为具有教育特殊属性的"知识工作者",应当享有专业自主决策权。在这个层面,需要对外语教师进行赋权,发挥变革型领导的作用,推进组织的扁平化管理。外语教师知识共享具有关联性,变革型领导能够保障程序公平,使知识共享环节更加清晰化。任务导向的变革型领导对外语教师知识共享意愿、行为以及绩效产生显著影响,外语教师通过民主参与,确保外语教师的共享活动更具个人适切性和问题针对性,进而能增加外语教师的信任感与组织支持感。

在评价上,组织应当健全有关外语教师知识共享的专项评价标准,

要简明扼要、明确具体、便于实施,并将过程性评价与终结性评价相结合,做到"双管齐下"。在对外语教师知识共享的评价中要考虑到外语教师的发展性和知识共享活动的方向性,以共同目标为导向,与目标相互协同,切合外语教师实际的专业发展状况。外语教师知识共享的监督评价制度应该明确知识共享的目标和指标,并将其纳入外语教师评价、考核和奖惩体系,以此规范和促进外语教师知识共享的有效实施。此外,在评价中还需要考虑外语教师参与的情感性。目前来说,对外语教师的参与度评价偏向单方主观,由教研组长、备课组长等行政权威评价,缺少第三方监督与外语教师间的评价。在这个层面,对外语教师知识共享参与度的评价需要设置客观的标准与多元化的评价主体,对除文本外的过程性资料也应当做出适当留存并开展专项评价,规避外语教师知识共享中权威人物因"节省时间"等缘由,将评价的权责推给他人,或将评价变成"你好我好大家好"等无意义行为。

总的来说,应当在评价中肯定外语教师的能力,给予外语教师更多参与共享活动的动力,并对整个知识共享过程乃至之后的反思总结进行追踪评价与系统监督。不仅可以通过语言、文字、符号等将其上升为显性的公共经验,也要分析产生问题的因果,以优化外语教师知识共享活动成效。值得注意的是,要加强外语教师知识共享的成效,还离不开政策的完善与支持。在此基础上,可以在国家外语教师专业标准中加入外语教师知识共享的有关内容,完善相关的行为标准,如遵守保密原则、尊重知识产权、遵循学术规范等。此外,在外语教师的知识利用、合法保护以及信息共享上也应当设置更明确的制度条目,以在考虑到外语教师实际需求的基础上提升外语教师知识共享的专业化水平;还可以将外语教师的知识共享纳入外语教师评价中,并以文本形式陈述。

（2）稳定收益预期,设立分级激励体系

外语教师作为理性的个体,其本身的复杂性与利益的趋向性是制度设计中不容忽视的因素。外语教师在知识共享活动中会权衡自己的贡献成本与预期收益,并随着情境的转变而做出利己或利他行为的抉择。因此,需要构建知识共享与绩效导向相融合的动态绩效评价指标,从结果、关系、成本等多维度设置动态的专业竞争机制,为外语教师提供稳定的收益预期,补偿其因知识共享而让渡的个人利益。

由于外语教师知识的私有性,外语教师在知识共享过程中有无限次重复的博弈。而短期的、偶发的外语教师关系不能够激发知识共享的应有活力,实现知识共享需要建设长效的外语教师知识共享机制,以打破外语教师的私我动机。现行的外语教师激励方案大多围绕外语教师的个体知识进行设计,如论文、课题等,注重物质性和结果性。但是需要考虑的是,外语教师在知识的"私我化"之外,还会面临个人理性与集体理性的抉择。外语教师参与知识共享中付出的时间与智力成本需要得到尊重,传统的精神"表彰"与物质"奖励"难以满足外语教师提升竞争力的知识共享动机。故此,应当变革传统的激励制度,设置分级的激励体系。在精神奖励上,由于外语教师的知识共享具有内在超越性与精神性,故而应当以文化表彰、人际鼓励、学术休假等方式实现"非物质回馈"。在外语教师专业知识共享中,对外语教师进行选择性激励也能够区分外语教师贡献度,对符合集体利益的外语教师知识共享行为做出更大的补偿,促进外语教师提升知识共享频率与效率。与此同时,还应当建立外语教师知识的保护机制,确保外语教师知识专利与荣誉的安全性。在这种知识产权的"保护区"之下,外语教师的知识共享行为和成果应被赋予一定的权重,作为其绩效评估或晋升的依据,以有效降低外语教师对于共享成本的担忧。在物质层面,可尝试设立外语教师知识共享专项基金,对在知识共享过程中表现突出或贡献较大的外语教师实行物质奖励,进而充分调动外语教师的共享积极性。

此外,对不同层级的外语教师,也应当通过多元化的激励措施增强其参与度。如对成熟型外语教师,可以鼓励他们开设校内或小范围的工作室,根据本工作室内外语教师的成长状况对其做出奖励,一方面能激发成熟型外语教师的知识创新,另一方面也能促进外语教师团队的共同成长。在对团队的激励上,还可以设立自上而下的激励机制,激发中层领导在外语教师知识共享活动中的组织与沟通作用,实现扁平化管理机制下的分层激励措施。

第三节　外语教师学习共同体建构的机制

一、构建以外语教师话语理性互动为基础的学习共同体

（一）保证交往的"真实性、真诚性、正当性"要求

哈贝马斯的有效性要求从何体现？我们可以从问题中去理解，比如当外语教师在实践教学的过程中出现错误，对方就会质疑，"你所阐述的是实际发生的问题吗""你为什么不采取其他的解题方法""你认真听讲座了吗"等。当我们的言语受到质疑的时候，我们就会对自己说过的话进行反思并采取辩论来回应他人的质疑，这个过程就是交往的理性。如果他人认同你刚才进行的辩论，那么你们之间交往就顺利达成，相反，别人否定了你的理由，那么交往就失败了。因此，哈贝马斯倡导的主体间性就是建立在以语言为媒介的互动之中，脱离了言语的有效性条件，这种交往就无法完成。这种有效性表现在真实性、真诚性与正当性三个特点当中。首先，真实性指的是交往主体在对话的过程中所说的事物和理由来自客观的事实而不是凭空得出的结论。学习共同体在进行学习活动时，一般以某个主题或者教育教学的内容为核心进行研讨，所以外语教师在交流时应以外语教育事实为标准，将外语教育教学实践中的问题和看法自由表达出来，而非采取形式化的研讨方式预设问题或答案。学习共同体成员在进行交流时应该对有争议的问题向言说者提出质疑，以提高对话的真实性、合理性。探讨相关的具体问题时，学习共同体中的决策者也应该听取所有成员的观点和看法，创设真问题，通过成员之间的协作实现问题解决。其次，真诚性意味着言说者表达了他内心真实的想法和意见。真诚性的要求随着复杂的社会交际逐渐在交往场合中消退，言说者与听者趋向于独白式的交往行为，以实现个人利益为目的。真诚在人际交往中特别重要，只有双方都满足这一要求，才能

建立信任感,真诚在对话中也意味着信任关系。在学习共同体这个特殊的交往场域,必须从一开始就确立外语教师诚实交流的原则,并在参与者之间建立起相互信任的良好交流氛围,这样才能实现有效的对话。学习共同体将有共同愿景的外语教师集合在一起,成员之间有共同的合作理念,形成平等、尊重的关系才有助于建立外语教师间和谐和信任的关系。最后,正确性指的是言说者与听者能够在双方都承认的社会规范的价值中取得一致理解。也就是说,外语教师必须保证在学术和实践中相互讨论的内容符合社会规范,是正确的、为大家所接受的话语,而不是模棱两可的解释。这就要求外语教师具有丰富的学科和人文知识,对客观问题的理解符合外语教师职业的规范,以克服交流过程中出现的障碍。

(二)建立外语教师主体间的"合理商谈"

哈贝马斯的交往行为简单来说是指人们通过交往,互相理解,进行语言对话达成共识。这个过程必须满足一种条件,即交往的有效性条件。假如在交谈的过程中,言语的有效性没有发挥好,就需要过渡到商谈过程中。首先我们要厘清商谈的内涵,哈贝马斯将人类的交往分为两种:一种是信息交换,另一种为商谈。信息交换是在一定的规范下进行的,而当规范性被质疑的时候就必须用到商谈。商谈是在不受强制的环境下进行的具备真实性、正确性的交往。哈贝马斯将商谈分为理论性商谈和实践性商谈。理论性商谈针对的是事实的真实性,实践性商谈针对的是事物的正确性。首先从理论商谈出发,外语教师之间要基于言论的真实性开展交流合作,对自己的教学主张用对话的形式进行交流,运用实践中积累的经验来判断对方观点的正确性,从而进行下一步的讨论。其次从实践商谈来看,外语教师通过语言对自己观点的准确性进行辩论,结合自身与世界的联系进行阐述,来实现交往。由此看出,商谈是对哈贝马斯提出的言语有效采取论证的行为,同时,以交往资质、理想的商谈环境、商谈理论的基本原则等作为前提。外语教师学习共同体是外语教师自愿参与的、非功利性、非强制性的组织,商谈理论能对学习共同体成员间的交往学习提供一定的理论指导。其次,进行商谈时外语教师需要具备一定的交往资质以及创设理性的话语情境。外语教师需要不断地提高自己的交往能力,以便在对话中获得成功。哈贝马斯认为交往必须具备一定的交往资质,交往者之间才能达到相互理解,交往者需要对社会世界、客观世界和主观世界作出一定的区分,掌握人与人之间交往的规则,并学会用正确的语言表达出来,最终才能将交往有效性提升到反思的层面上。商谈原则包含普遍化原则和话语原则。普遍化原则要求交往主体自由平等地表达自己的观点,体现公平、公正、正义。话语原则则要求商谈的过程保持包容、开放,共识的达成仅仅依靠商谈而非权力、金钱等因素。总的来说,交往资质解释了一个成熟的交往主体应该具备的能力,商谈体现的是平等、自由、开放这样一种不受强制的交往空间。言说者与听者在进行商谈时要满足以上要求,才能达成和谐的共识。在外语教师学习共同体中,外语教师之间不是被动的主体和客体,学习共同体成员要有维持有效商谈的规则和意识,这样才能解决共同体运行中的权力不平衡问题。这就要求共同体成员以及决策领导者培养有效商谈意识,逐渐实现这种原则和共识。外语教师专业学习共同体成员之间的单向灌输行为应转向双向的交流互动,逐渐提升外语教师之间的商谈意识。最后,外语教师可以根据对话的过程,适时调整对话所处的条件,要想实现学习共同体间交流的自由、平等与和谐,商谈是一种重要的平等交谈原则。在对外语教育资源的挖掘和利用过程中,外语教师应发挥自身交往优势,充分践行外语教育对话的价值,努力创新双方对话的形式,以此提升外语教师的交往水平。此外,双向教学对话的建立是必不可少的,这离不开共同体各成员间的相互信任与真诚交往,通过得当的交流方式实现外语教师之间教学对话的建立。其中,相互尊重人格是外语教师赢得双方信任的前提,正是通过信任的桥梁,才促使外语教师学习共同体能够真诚交流,奠定了外语教师共同体间的平等对话的基础。

二、提高学习共同体主体间的交往资质

交往资质是哈贝马斯交往行为理论的重要概念,哈贝马斯通过对言语行为的分析,区分出了策略行为和交往行为,哈贝马斯认为以言行事的交往行为是行动者的能力要求,而提高学习共同体主体间的交往资质是交往行为理论的重要理念。

（一）关注外语教师的认知品质

外语教师学习共同体作为一种学习组织，共同体成员需要不断进行知识的转化与创新，与其他成员共享教学经验，进行交流与思考，获得新的思想和实践经验。在外语教师实践过程中，外语教师应具备的知识是通过符号表现出来的，进而通过表达使外语教育对话得以论证，表明与世界中的各种事物之间的联系，从而促进教学的顺利开展。作为一名外语教师，应深入研究和思考教学实践中的外语教育问题，回归现实，有针对性地加以理解和分析，增强自己的外语教育责任感和理论思维能力。例如：学习共同体默课时，关于一堂课的教学设计，外语教师们会对这门课自主设计，然后进行交流，分享自己的教学经验，最终帮助所有人学会新的教学行为，从而帮助提升外语教师整体的合作能力。其次，外语教师交往资质中的认知能力体现的不仅是应掌握的学科知识、教学知识、科学文化知识，还应具备对客观世界、社会世界、主观世界的认识。这三个世界相互渗透，互相作用，围绕外语教师的生活世界而展开。一个具有交往能力的人必须能够区分出三个不同类型的世界，主体存在于客观世界中需要具备一定的认知能力才能将自己的观点意图与客观世界存在的事物对应，这些存在于客观世界中慢慢积累起来的经验促使外语教师能够在教学实践创新中进行探索获得转化。客观世界不仅包含一些物理对象还有决策的系统，这意味着外语教师不仅可以在客观世界中寻求自己所需的知识、技能和经验，还可以对客观世界中的事物做出判断，使他们能够让自己的思维得到更新并且学习调整发散思维来理解以及适应新事物。这种认知能力需要与客观世界不断交汇，增长新的经验以适应自己的认知更新。社会世界是主体参与具有社会规范的人际关系的场所，外语教师在学校的场域中，不可避免地与多个群体进行交往。外语教师要学会平衡众多人际关系，合理地进行人际交往，以使教学工作能够顺利开展。学习共同体作为一个小的社会主体世界而存在，外语教师需要意识到合作工作方式的重要性。外语教师个体的主观世界是外语教师的精神世界，主要包括思想和意识。外语教师的主观意识是其控制自己言行的一部分，它要求外语教师在活动中不断发展自己的认知视野和思维能力，修正自己原先的固有观念，不断获得与时俱进的新见解和新技术，以便更好地完成教学工作。最后，外语教师虽然参与了共同体的发展,但外语教师自己是否能够投入专业学习当中?是否愿意真诚地进入专业学习共同体? 在一定程度上,这取决于他们对自己工作的专业性质的理解,对专业学习在维持和发展专业实践中的作用的理解,也在一定程度上取决于他们对自己与他人、自己与社会之间关系的认知。外语教师需要改变他们完全基于常识和经验的教学思维和行为,以形成清晰的专业自觉,使学习成为基于自觉意识的日常专业习惯。只有这样,外语教师才能获得内在的、持续的学习动力。

(二)提高外语教师的有效对话能力

在哈贝马斯看来,交往理性的本质是对话。哈贝马斯指出,在人们的对话中,符号和语言是最常使用的工具,以此形成外语教师之间的共识和理解,这表明人们之间的交往具有语言性的特征。外语教师需立足于自身所处的生活世界进行活动交往,通过接触不同的生活情境了解其他外语教师的态度体验,同时,明确他人所处的客观环境,从而掌握他人行动的真实目的,建立平等和谐的对话氛围。对于外语教师来说,交流对话有两个突出的作用,其一是可以实现自我专业成长,外语教师与其他教师进行交流可以发现自身语言逻辑或者教学方面的漏洞,进而改进产生的问题,重构新的思维和认知。其二是外语教师之间的沟通可以增进两人之间的同事关系,通过建立感情,了解同事的生活世界,有利于化解各种矛盾和冲突,增强对话意识和对话能力,促进情感的交流和行为的协调。外语教师学习共同体中的外语教师之间的交流要站在平等、开放、包容的立场上进行,因此,本质上属于一种对话共同体。共同体中的决策者需要给予每个成员言说的机会,只有做好集体的带头作用,外语教师才能在开放的环境中表达自我。在调查中可以看出,领导的做事风格很容易影响集体的行事方式。主张自由、开放的学习氛围的领导在一定程度上更有助于建立和谐、平等的共同体。好的带头领导能够让外语教师们得到很多东西,既包括工作上的作用也包含生活上的作用。从另一方面讲,外语教师学习共同体作为一个发展性的学习组织,群体形成的学习意识又能促进每位成员的学习。在学习共同体中,学习的主要活动方式就是不断地进行讨论、对话和协商。这种对话需要打破层级之间的障碍,实现不同层级之间的平等交流,让普通外语教师真实地表达自己的看法和意见,这样才能更好地帮助外语教师提高对话的能力。

（三）加强外语教师的反思能力

任何学习都强调反思的重要性，哈贝马斯在其交往行动的研究中提出"反思的自我关系"。在长者与自我的话题讨论中，面对长者对自我的否定的回答，自我如果将其态度变成自己的态度，用对方的眼光来观察自我如何回答对手的批判，这个过程就是一种与自我本身反思的关系。由于自我内化了论证参与者的作用，自我就能够进行自我批判。简单来说，交往的主体对其他参与这次交往的主体提出的质疑进行认同与接受，并且站在对方的角度上思考如何解决质疑，这个过程就是反思。哈贝马斯在交往理性的内涵中指出，言说者与听者要在不受强制的情况下达成共识，听者可以对言说者质疑，言说者可以通过论证使听者认同，从而达成共识。

一名成熟的外语教师会思考自己言行的正确性、真实性、真诚性，是否有哪个方面存在问题，并时刻反思自己的行动。言说者论证的过程就是反思的过程，言说者要向听者解释自己的观点，并且要保证论证话语的真诚和真实性。对于外语教师来说，在共同体开展活动时，外语教师不仅是作为成员参与进来，也要积极反思自己的言行、其他成员的观点、决策的合理性等。对于外语教师的实践层面，外语教师要认识到自身的不断发展对受教育者也有作用，也就是在学习共同体中通过集体反思、研讨来实现。因此，外语教师反思的过程就是将自己放在集体的角度上，对比自己与集体或者他人的行为来进行反思，从而实现对自己实践经验的再创造。外语教师倾向于个人的独立反思，而更能促进交往理性生成、提高学习效率的群体反思却由于主体个人的意愿逐渐消退。外语教师自身的独立反思占据绝大多数外语教师职业生涯，不可忽略的是，外语教师容易受到自己思维定式的影响，对自己存在的问题认识不清，无法得到深入的剖析，因此无法提升自己的知识。这就需要与共同体中的成员进行交流，借助他人的思维帮助自己解决问题，从而能够在一定程度上实现反思的价值。在外语教师学习共同体中，学习合作的氛围能够推动外语教师共享教学经验，分享外语教育难题，无论是新手外语教师还是领导都能够站在同一角度进行交流。只有在无条件反思的情况下，外语教师才能获取珍贵的建议，从而为自己的职业发展创造新的价值。

三、外语教师学习共同体构建的运行激励机制

（一）激励机制

不同领域、不同视角对激励的定义不同。"激励"的英文是 motivate，意思是"激发、给予和诱导引起的一切心理动机"。《教育管理词典》将"激励"解释为"激发人的一种含有动机的心理过程，一种由自身心理动机促进自身有效行为的激发过程"。在心理学上，"激励"就是"利用其心理趋向性促导自身运用有效的手段去激发从事相关活动的积极性和对相关活动产生一定的热情，引导人产生为某一既定目标而努力奋斗的内驱力的过程"。

激励的概念最早用于管理中，尤其是人力资源管理中。在人力资源管理工作中，为激发员工的工作动机，管理人员需利用激励机制充分调动员工自身工作积极性，从而促进工作开展，提高员工工作效率，同时员工也能借此满足自己的需要，从而形成一个闭合的循环。在外语教师的管理中，激励的作用是激发外语教师对工作产生极大的热情。针对激励外语教师来说，有相关学者认为，可通过满足外语教师的合理需求、解决外语教师的合理问题来激励外语教师在工作上的积极性。也有相关学者认为可直接通过激励手段或激励机制激发外语教师的主动性，提高其创新性。还有一部分人士提出学校管理者可结合自身学校特点，为达到相关目的，在管理方面结合外语教师职业特点、外语教师需求、外语教师期望及外语教师动机等各方面的心理因素综合考虑，然后寻找可行方式及机制来调动外语教师的积极性，促使他们更有效且高效地完成外语教育工作，从而达到学校特定的目标。

外语教师的激励是指在外语教育管理中，管理者结合外语教师真实的内在需求，充分运用激励理论，采取有效的激励方法去激发外语教师的外语教育热情，让他们愿意为外语教育目标而奋斗。

机制原本是指机器在工作中，机器内各部件之间相互关联并协作的运行方式。后引用在管理活动中，主要指在管理活动中各级各部门在设立、职责等方面相互作用，用来保证企业事务的良性发展的一项制度。

激励机制是指激励主体在组织工作系统中，采用多种有效激励手段

去达到组织的目标,在这一过程中它与激励客体将形成相互促进的作用以及制约的作用。激励和激励机制有区别也有联系。激励是激发心理动机的过程,也是对员工的要求,而激励机制是为达成激励效果而制定的一套有效制度体系。然而,激励效果会随着激励因素的变化而变化,所以激励机制的实施也应全面考虑激励因素,根据激励因素对激励效果的影响程度进行调整和优化,从而最大化发挥激励机制的作用。

在外语教育方面,激励机制实施的对象是外语教师,激励机制是为激励外语教师去积极工作、认真工作、努力工作,从而进一步提高学校的外语教育能力而制定和建立的一套制度体系。外语教师的激励机制是外语教师人力资源管理的重要内容,外语教师激励机制能有效促进外语教师队伍形成优胜劣汰的机制,有利于提高外语教师的整体素质、保障外语教育系统有效运作并发挥其重要作用。书中研究的激励机制是指以外语教育行政部门等政府相关部门为主体,外语教师群体为客体,根据外语教师群体的客观需要,整合分析影响外语教师积极工作的激励因素,然后对激励因素进行分析后"对症下药",来达到刺激他们在工作上积极进取、热爱外语教育事业的目的而制定和建立的一套制度体系。

(二)优化外语教师的激励机制

1. 优化外语教师薪酬体系,加大外语教育经费投入

为达到激励外语教师的目的,可以在现阶段基础上优化薪资结构、更改绩效考核模式,激发外语教师的自身驱动力,调动外语教师的工作积极性,提高外语教师的职业影响力和吸引力。较高的薪酬福利不仅能为外语教师提供有力的物质保障,也是对外语教师工作能力与成绩的肯定,是一种有效的精神激励。外语教师激励机制的核心是薪酬激励。搞好绩效工资,提高薪资水平,是刺激外语教师工作积极性的最佳方式。

第一,合理调整工资架构,正向激励外语教师。绩效工资最能凸显优秀外语教师的长处。所以,在绩效考核中,要充分考虑薪酬的正向激励作用,要打破"平均主义",实行多劳多得、优绩优酬的分配制度。一方面,可以建立以"学历 + 职称 + 工作量"为核心的绩效工资框架。随着外语教师招聘制度的规范化,外语教师公招的条件越来越多、越来越高,参加外语教师公招的人员越来越多,外语教师行业的就业竞争形势

日益严峻,优胜劣汰,能入编的外语教师都是层层选拔出来的优秀青年。当前,外语教师的学历水平大多在本科以上,所以将学历纳入工资框架,可以使外语教师在薪酬水平上具有一定的优势。另一方面,可以创设以"课时＋岗位"为核心的岗位工资架构。当前,外语教师在学校的工作量大,工作任务重,如果学校在考核中忽视他们的付出,那一定会严重打击他们的工作积极性。所以,学校管理者应改变平均主义的固化思维,根据青年外语教师的实际工作,建立"课时工资＋岗位工资"的发放制度。部分青年外语教师在学校除了担任基础教学工作以外,还可能兼任管理岗位以及工勤岗位,学校应计算相应岗位的工资待遇,使外语教师们甘于奉献、乐于奉献。

第二,改革绩效工资分配方案,有效利用绩效工资的导向作用和激励作用。一方面,加强外语教师对绩效工资政策的认识,让外语教师能够切身参与到绩效方案制定过程中,消除外语教师对绩效分配的疑惑,制定过程、制定结果透明化,让外语教师对绩效工资达到合理预期。另一方面,可探索团队绩效考核与师德师风考核新模式。单一的外语教师个体考核,不利于外语教师间的合作团结,当出现利益冲突时,易产生不良的恶性竞争,形成不和谐的工作氛围,大大降低外语教师的职业幸福感。因此,探索以年级或学科为整体的考核模式,设置集体绩效奖,可以更好地促进外语教师间的合作,可以充分调动和提升他们的工作积极性。

第三,完善绩效考核评价体系,达到客观公正的绩效考核评价效果。一方面,重视形成性评价和总结性评价,把二者相结合。在形成性评价中,不仅要关注外语教师教学过程中的工作状态,全面了解外语教师的工作内容,让绩效评价有据可依,让评价客观公正,还要对外语教师的工作表现作出公平、公正的评价。在总结性评价中,要求在规定的时间范围内对外语教师的常规工作、教学科研等进行总结性评价,这样有利于外语教师及时改进教学,提升教学能力。另一方面,针对不同岗位、不同学科、不同学历的外语教师引进多方评价体系,根据他们的工作量和工作绩效采用多级评分机制,以达到客观、准确、全面、综合的绩效考核评价效果。另外,绩效考核周期可进行适当调整。当前大多数学校都是以学期为单位,在学期期末时间节点对外语教师进行考核评价,这样的方式会因对外语教师的考核周期长而导致外语教师无法对日常工作中的不足进行及时改进,因学校管理者对考核评价的时间仓促而导致考核结果产生误差。因此,学校可以尝试制定月考核、季度考核、期中考核等考核计划。

2. 完善外语教师的考评机制,发挥考评的激励和导向作用

外语教师的考评机制关系到学校的发展,关系到外语教育事业的发展。科学完善的外语教师考评有利于外语教师队伍整体素质的提高,有利于调动外语教师的工作积极性。管理决策者应重视考评对外语教师的激励作用和导向作用。为完善外语教师的考评机制,管理决策者可以从以下两方面入手。

(1)建立健全的职称评聘机制,发挥职称的激励作用

职称制度是师资管理体制中不可或缺的组成部分,外语教师职称评聘制度对我国外语教育事业的发展起着至关重要的作用。应时代的需求和发展,就目前职称评聘过程中出现的主要问题,如指标分配不当、过程不透明、标准不科学等应进行改善。

首先,拓宽外语教师的职称晋升空间,激发他们的进取心。外语教师的职称晋升可从名额分配和职称评审两方面去进行完善。一方面,各级外语教育主管部门可考虑扩大职称比例。打破指标分配法,依据评聘标准,实现应评尽评、应聘尽聘,避免因名额限制而空等多年的现象,进而挫伤外语教师的积极性。另一方面,职称评聘标准的制定要充分考虑外语教师的特殊性,在政策上可给予适当倾斜。比如,对外语教师评聘职称中的外语教师任教年限这一要求,可由原来的累计满 30 年缩短为 25 年或者 20 年就直接评聘为高级外语教师。另外,也可考虑给予对外语教育有突出贡献的外语教师直接晋升中高级职称的资格。

其次,健全评聘机制,让外语教师对职称评聘有盼头、有信心。

最后,扩大职称评聘过程的透明化程度。评审规则和评比过程都应高度透明化,及时公示,接受监督。

(2)构建科学的考核评价机制,发挥考评的导向作用

首先,注重外语教师的发展性评价。发展性评价是以导向性和激励性为主,为促进外语教师专业发展,实现外语教师与学校共同发展的一种评价。外语教师发展性评价,一方面应明确外语教师的主体地位,让外语教师广泛参与评价过程,从而构建一个平等、主动的沟通平台,使评价更加民主化。另一方面,坚持以人为本。外语教师是发展中的人,应以促进外语教师成长为基本指导,用发展的眼光为外语教师提供符合

实际情况的发展规划,让学校和外语教师实现共同发展。

其次,丰富考核评价主体,使评价更公平公正、科学民主。其一,评价主体多元化。评价主体由学校管理者、同事、本人、学生和家长共同组成。通过各类人群对外语教师工作的价值和实际需要作出多维度的综合评价,可避免"以偏概全"现象,能增强外语教师对评价体系和评价结果的认可。当外语教师对评价结果不认同或者不满意时,有科学的外语教师申诉机制作为依据来维护自己的合法权益。其二,评价标准多样化。学校在制定外语教师的考核评价标准时不应以考试成绩为唯一的考核刚性指标,要重视培养外语教师的人生观、价值观、职业观,综合考虑外语教师个体的发展目标和需求,从而建立科学合理的分类分层评价标准,使外语教师获得内在的、持续的激励力量,愿意为学校的发展而奋斗。

然后,构建透明的考核评价机制,可以提高外语教师的职业吸引力。无论任何考核评价,一定要做到公开透明。制度的透明性有助于促进考核评价制度的标准化,使其更好地发挥激励功能,让外语教师能感觉到发展的机遇,看见发展的前景,认识到自己的价值。

3. 完善外语教师培训制度,优化外语教师的专业发展途径

（1）丰富培训的形式和内容,提升外语教师培训的实效

外语教师的外语教师培训,不仅能激发青年外语教师不断学习,更新内容、完善结构、满足外语教师的发展成长的需求,还能提高外语教师的整体素质和提升学校外语教育质量。对于外语教师培训流于形式这一现象,现提出以下改进策略。

第一,重视外语教师的培训,丰富培训内容,保证内容时效性和针对性。相关部门在组织外语教师培训时,应先通过广泛征求广大外语教师的实际需求和意见来制定培训方案,经过培训方和被培训方的商榷后再确定培训的相关具体事宜,保证培训的时效性、准确性和针对性。培训的具体形式应在传统的专家讲授、集中讲授、听评课的基础上进行改革创新。可以以典型案例为载体,进行教学观摩和研讨交流,还可以开展学科共同体集体备课,兼收并蓄共创同享,构建外语教师共同体,这有利于促进外语教师间的合作交流和专业发展,有助于外语教师全面提升教学技能和业务水平。

第二,对外语教师培训效果跟踪管理,强化对培训效果和质量的检

测。参训外语教师是否将培训中所学的相关知识有效实践于自己的日常教学工作中,这是外语教育培训是否成功的直接体现。组织培训的人员和相关部门可借助参训外语教师的培训效果,发现并记录培训过程中存在的问题,便于后期改善外语教育培训与管理。对培训效果进行跟踪管理的具体方法如下:一是成立由外语教育权威人士、一线工作外语教师和参与培训的外语教师组成培训效果督查小组。督查小组分别在培训后的一个月、三个月、半年和一年的时间节点深入学校,对参训效果进行追踪管理与指导。二是跟踪小组要立足于课堂。加强与培训对象的沟通和交流,完善培训对象的信息情况,实施动态管理跟踪,促进其不断发展。三是通过追踪管理,发现实际效果与预期效果有差距时,应及时采取补救措施。四是创建学习交流平台,增加与培训对象间的相互联系,促进与参训人员的深入沟通。培训对象可在学习交流平台上自由分享自身实践经验,相互之间取长补短,共同成长。

（2）拓宽外语教师的专业发展途径,提升外语教师的教学能力

青年外语教师是学校的中坚力量,所以学校应重视对青年外语教师自主专业发展观的培养,鼓励外语教师由教学活动的执行者转变为研究者,外语教师也应摒弃固有的陈旧观念,与时俱进,主动学习,然后运用所学知识去解决教学过程中出现的问题,这样会更有效地促进外语教师教学能力的提升。

一方面,优化外语教师专业发展体系,帮助青年外语教师快速成长。为帮助外语教师提高其专业发展能力,教育部门应努力探索促进外语教师多元化发展的方式方法。首先,建立合理全面的专业发展机制,联动实施国培、省培、市培、县培计划,建立青年外语教师专业发展平台,引导外语教师与时俱进,终身学习,加强互联网＋、大数据、云计算、人工智能等科学技术与现阶段教育教学的深度融合。其次,强化"县管校聘"管理,定期举办名师送教、下乡进校等活动,实现优质资源外语教师共享,优秀外语教师学校共享。然后,完善外语教师继续教育体系和激励机制,对新招考外语教师进行岗前培训和上岗跟踪指导,对青年外语教师重点规划,培养骨干外语教师和学科带头人,促进青年外语教师成长。

另一方面,教研活动的高效开展是提升外语教师教学能力的关键。当前,教学成绩是教学能力最直接的体现。教学能力的提高不仅需要理论知识的学习,更需要在日常的教学实践中不断总结,不断进步。在教

研活动中应充分认识反思的重要性,反思就如同一面镜子,可以从镜子里看见自己的优点和缺点,然后知优点继续发扬,知不足而及时改正。外语教师通过在实践中反思,在反思中实践与创新,不仅可以提升外语教师的教学水平,还能逐渐培养专家型和研究型的外语教师。

4. 强化多维度激励,增强外语教师的职业成就感

（1）塑造激励型的文化成长环境

激励型的文化成长环境毫无疑问能激励外语教师努力工作,健康成长。要塑造良好的激励型文化成长环境,可以从以下几方面入手。

首先,营造尊师重教的人文环境。外语教师普遍觉得自己社会地位不高,受尊重的需求没有得到满足。所以,政府有关部门应加大宣传,可通过各种媒体传播,加强舆论导向,提高社会对外语教师工作的认识,意识到外语教师的重要性。另外,学校也应做好家校协调工作,通过创建家校群、家长开放日、开家长会等活动形式,让家长有机会更深入了解外语教师的日常工作,能更理解教师的辛苦付出。通过家长的言传身教,可以逐渐形成学生和家长,乃至全社会都尊师重教的氛围。

其次,构建和谐融洽的关系网。对于外语教师而言,渴望被信任、被理解、被支持,学校领导应高度重视人文关怀的激励作用。了解外语教师的实际需求并及时满足他们的需求,让他们感受到领导给予的关心和关注。所以,一方面学校领导应建设良好的交流沟通平台。领导应广泛听取广大外语教师的心声,采纳他们的合理建议,避免专制主义。学校还可以多组织团建、生日会等活动来加强领导与外语教师间、外语教师与外语教师间的交流,从而增强学校管理的凝聚力,让外语教师在愉悦和谐的人际关系中积极主动地投入工作。另一方面,学校应丰富校园文化。学校的校风校训、办学宗旨、品牌特色等校园文化影响着教师的行为。秉持良好的文化理念,学校才富有更强的向心力、凝聚力。另外,学校管理者还需注意对外语教师的管理应人性化,尊重外语教师工作的专业性,为外语教师减轻包袱,给他们足够的时间和空间潜心教书育人。

（2）合理进行荣誉激励,提升职业幸福感

职业幸福感能激发外语教师的工作热情和工作潜能。总体来说,外语教师队伍是一支高学历、高素质人才队伍,除了物质方面的激励,还应注重精神激励。对外语教师的品行、成就、业绩等方面表现优异的外语教师,除了物质鼓励之外,还应进行荣誉激励。荣誉激励即精神激励,

当外语教师获得了职业成就感,其更高层次的尊重和自我实现的需求就会得到满足,这对于激发外语教师的工作积极性起着至关重要的作用。首先,荣誉类别具有多样性。外语教师的职业幸福感主要来源于自身的师德认可、进步、奉献等精神层面,还来源于自身的教学成果和学术成果。这样可以使更多的外语教师有更多的机会获得更多的奖,从而满足外语教师的成就需要和荣誉需要。另外,个人荣誉和集体荣誉并重。外语教师在工作中除了积极争取个人荣誉外,还应重视团结与合作精神。学校可以通过各种文娱活动建设一支有向心力和凝聚力的外语教师团队,这有利于营造良好的工作氛围,促进学校的良性发展。

第四章

学习共同体理论视阈下外语教学的理念创新

现阶段,大部分学生对于外语知识的学习只停留在表面,缺少抽象思维与推理能力,部分学生的外语学习问题日益凸显,甚至个别学生对外语学习失去信心。因此,教师应该为学生制定长远的教学规划,不仅要巩固学生的外语基础知识,提高学生的应用能力,还要有效培养学生的情感价值态度,让学习共同体的理念走进课堂。

第一节　坚持以学生为中心的教学理念

"以学生为中心"的教育理念已经具备一定的框架结构，其系统具有开放性和发展性，这一教育理念主要强调以下要素。

一、帮助学生树立自尊自强的信心

帮助学生树立自尊自强的信心，重新评估自己的能力，是促进学生人格健康发展和潜能充分挖掘的第一步，也是至关重要的一步。在升学竞争教育的长期导向下，学校评价学生的标准主要是学科成绩，忽视了学生健全的人格培养。一方面，学生成了"考试的机器"，造成"高分低能"甚至"高分低德"的现象，难以适应新时代市场经济的需要；另一方面，高校学生在经受了考试失败的挫折后，身心疲惫，后劲不足，对前途产生了悲观失望的想法，也失去了对未来判断和选择的能力，不知道自己要干什么、能干什么。学校应把尊重每名学生作为生命整体的发展需要放在首要位置，重视全面教育，促进认知能力、身体、道德和精神力量的全面发展，强调以行为而不是以结果来评价学生，转变"只有上大学、当专家才是人才"的狭隘人才观，技能型人才也是社会急需的重要人才。

二、重视学生的学习与思考

重视培养学生的学习和思考能力，为终身发展夯实基础。瞬息万变的信息时代、知识经济时代，在学校教育中获得的知识已不能满足人们的生存需要，人们已经步入了一个终身学习的时代。在这个时代里，人们不仅需要不断学习，还要学会学习、善于学习。随着社会的发展和科技水平的进步，未来的文盲不再是不识字的人，而是没有学会如何学习的人。

素质教育的理念就是要求教师不仅要对学生进行知识的传授和能力的训练,还要对他们进行思维方式的训练,让学生学会学习、学会思考,为自己的终身发展奠定坚实、丰厚的基础。长期的"应试教育"式学习可能导致学生习惯接受现成的思维模式,缺乏主动学习的探索精神,特别是当学生未达到家长和教师要求的分数时,他们就会容易感到沮丧和失败,继而对学习感到厌倦。教师要承认学生在求知的过程中属于不成熟的个体,应以学生为主体,构建一个充满阳光的课堂。教师在课堂上要少一些偏见与挖苦,多一些尊重与赞许,由单向知识传授转为双向情感交流,由一味指责转为想方设法让学生品尝成功的快乐,使各个层次的学生都能获得心理上的满足,使学生更加积极向上。

三、选择适合高校学生的教育方式

在高校学生质量管理的过程中,可以采用问卷形式调查、收集学生对教学效果的反馈,从而全面了解学生的学习需求和状况,并根据这些反馈持续调整教学计划。在办学机制上要灵活多样,例如学生修完大一所规定的全部课程以后,学校根据学生的意愿分别设置就业班、升学班、第二专业班以及各种短训班等,让就业者有路可走,让升学者有门可入,让成人继续教育有平台可参与。在教学中,根据学生的文化基础差距较大这一实际情况,教师可以分层次进行教学。完全学分制的动态管理体系和灵活的课程结构能够锻炼学生的自主能力。学校可以增加限选和任选课程,学生可以自行选择学习内容,发挥自己的长处,弥补自己的不足,以适应学生的个性发展和职业方向。通过分组讲座这种教学组织形式,学生可以先思考再进行激烈讨论最终得出结论。精心处理教学组织形式的细节,努力营造轻松愉快的学习氛围。可以采用变换学习场所、交换座位等方式,使学生在新鲜感带来的探求欲中开始一天的学习。

第二节　注重学生差异,实施分层教学

近年来,各高校的发展规模不断扩大,招生人数逐年增加,基于生源质量的多样性和参差性,外语教学改革迫在眉睫。下面从外语学科建设入手,具体分析目前外语分层教学工作开展的背景和必要性,外语学科分层建设的可行性,分层建设实践以及分层建设成效,探究外语学科分层建设对提升人才培养质量的重要促进作用。

一、外语分层教学的内涵与特点

（一）概念界定

分层教学作为实现教育公平的重要方式,力求促进全体学生的发展。学者们通常认为分层教学是一种教育教学方法或个性化教学模式。它在一定程度上理解学生生而不同,尊重学生的个性化和差异化,是指面对不同层次的学生开展针对性地学习指导,并以此满足各个层次学生的实际学习需求。通常情况下是根据学生现有的学科背景知识、能力水平和发展潜力等,将学生分为 A、B、C 三个层次:A 层次的学生对学习有较浓的学习兴趣,基础知识牢靠,学习习惯较好,学习内容能完全接受,一般成绩较好;B 层次的学生能够在教师的引导下学习,基础知识掌握较好,但不善于总结归纳,知识理解深度和解题方法需进一步提升,一般成绩中等;C 层次的学生需要教师或他人的督促,学习习惯不太好,属于被动学习状态,往往成绩较差。教师根据不同层次学生的实际情况,在教学目标、教学内容、教学实施过程、教学评价等多个层面进行分层设计,让班内每名学生在现有学习水平的基础上都能参与到不同层次的教学活动中去,从而让学生在每一堂课中都能得到充分的发展,实现较好的教学效果。

（二）分层教学的特点

所谓"分层教学"是指,在学生知识基础、智力因素和非智力因素存在明显差异的情况下,教师有针对性地实施分层教学,从而达到不同层次教学目标的一种教学方法。外语分层教学具有如下几个特点。

1. 差异性

不同学生本身就存在明显差异,教师需要重视学生的这些差异性,从不同学生的特点出发,展开教学,要尽可能将不同学生的潜力发挥出来,这就是所谓的分层教学。也就是说,在分层教学中,教师需要对学生的差异有清楚的了解,重点是对这些差异进行解决。具体来说,高校外语分层教学中的差异主要包含如下几点。

第一,教学对象的差异。如前所述,学生来自不同的地区,因此他们的外语基础必然存在差异,因此教学中需要重视这些差异,重视每一位学生的最近发展区是不同的。第二,教师教学风格的差异。教师自身的教育背景、生活经历不同,导致不同的教师形成了不同的教学风格。第三,师生之间的人格平等。师生在人格上的平等,是学生发展独立人格的前提和基础,是教师展开教学的必要前提。同时,师生之间的人格平等还体现在对学生个体差异的尊重上,这样能够促进每一位学生的个性进步与发展。

2. 多样性

高校外语分层教学需要具有多样性,具体来说可以总结为如下几点。

第一,教与学的多样性。既然高校外语分层教学对于学生的差异予以尊重,那么在高校外语教学中,就不能仅仅参照某一模式展开教学,也不能仅仅使用一种评价手段,不能仅仅依据一条大纲,而应该从不同学生的需求处保证教学的多样性。第二,外语技能的多样性。高校外语教学不仅要求学生掌握外语基础知识,还要求学生把握基本外语技能,努力培养学生具备跨文化交际能力。需要指出的是,每一位学生在每一种能力的发展层面也是存在明显差异的。

3. 针对性

在高校外语分层教学中,教师需要考虑学生的个性需求,对他们展开个性化的帮助与指导。这体现出高校外语教学是符合学生的个性需求的,也能够将学生某一部分的特长发挥出来,从而提高整体教学的质量。具体而言,高校外语教学需要经常诊断学生的个性需求,在教学中发挥教学智慧,从而对学生展开针对性教学。所谓针对性,具体包含如下几点。

第一,高校外语分层教学的针对性要考虑受教育者的差异。学生的智力水平、基础水平等存在差异,高校外语分层教学需要考虑学生的这些差异,让教学真正地深入学生的内心。第二,高校外语分层教学的针对性是对"一刀切"教学模式的否定。教师需要从学生的个性、能力等出发,对教学内容、方法等进行选择,对教学活动与学生进行细致的分类。第三,高校外语分层教学的针对性要求教师考虑学生的不同风格进行教学。学生的情感、生理等因素,会对学生的学习风格产生影响。学生的学习风格不同,主要体现在对信息的采集与加工上。教师需要根据学生不同的风格,制定有针对性的教学方案,引导学生从自己的特长出发,选择适合自己的学习方式,对自己的学习缺陷进行弥补。第四,高校外语分层教学的针对性并不是传统上的因材施教这么简单。因材施教的理念主要是面向个体学生,高校外语分层教学要对个体学生的差异予以关注,考虑个体学生不同的需求。

4. 交际性

语言是人类展开交往的工具和手段,其最根本的性质就是交际性。语言离不开文化,文化也在语言中有明显的体现。在高校外语教学中,语言与文化密不可分。因此,高校外语教学中需要融入文化知识,即不仅仅教授语言知识、语言技能,还需要将文化内容融入其中,这样才能帮助学生运用语言展开跨文化交际。教师需要考虑对学生文化素养的培养,从而传输世界文化知识。文化知识与适应能力是展开交际的关键,从本质而言,语言交往能力是深层次地获取文化知识的前提。高校外语分层教学的交际性主要表现在以下四个方面。

一是高校外语课堂教学让中国大学生掌握大量的外语文化知识,从而实现高校外语的交际功能。二是英文资料的阅读实现高校外语的跨文化交际功能。三是面对面的对话交流实现了高校外语的交际功能。四是在坚守中国文化的基础上,向外推广中国文化,从而实现高校外语的交际功能。

二、外语分层教学的实施策略

(一)基于小组合作的学生分层

为了多方面考量学生,一方面从学生考试测试卷出发,采取六大核心素养评价框架对学生进行划分;另一方面根据学生日常表现进行评价,为了便于教师记录,根据学情设计符合实际的积分制度,通过积分来体现学生的作业完成情况、课堂学习状态、思维活跃程度、学习积极程度等,如:提问问题时回答正确加一分,错误扣一分,有创新思路加两分,主动展示学习成果并正确加两分,错误扣一分,未完成作业扣两分。除此之外,在公平合理的前提下可以根据班情,采取阶梯式积分来鼓励学生积极参与小组合作互助活动,如:小组代表上台展示时,C 层答对本组加三分,个人加两分,B 层答对本组加两分,个人加两分,A 层答对本组加一分,个人加两分,答错均仅扣一分。日常表现跟踪积分可以分配给小组长记录或设置专门职位。将学生的日常表现积分与素养分求和,如此每位同学对应一个分值表示其日常表现和核心素养。教师根据学生分值即可大致了解学生当前学习状态,便于教师了解学情,实施分层教学。

表 4-1　小组分组示意图

第一组	第二组	第三组	第四组	第五组	第六组
1	2	3	4	5	6
12	11	10	9	8	7
13	14	15	15	17	18
24	23	22	21	20	19
25	26	27	28	29	30
...	...	...	...	...	...

根据积分以班级人数为考量依据,将学生均分为几大组,每组积分前几名为 A 层,后几名为 C 层,中间学生为 B 层。具体分组方式如表 4-1 所示。

被研究学校每班大致 60 人左右,因此每组大致 9—10 人,前三名学生为 A 层,后三名学生为 C 层,其余中间学生为 B 层,致使每组同层次学生可以互相讨论,且不同层次学生也可以互相交流。

此外,在群体动力学理论的指导下,为了提高学生积极性和凝聚力,教师可以以小组为单位,以组员积分之和为小组分值,过一段固定时长就核算一次,时间要求适中,时间过长分值差距越来越大,学生会失去追逐的兴趣,时间过短则缺少学生激情竞争的过程。本研究以半个学期为准,期中、期末考试结束为核算标志,在实验中期进行一次动态层级调整。第一组的奖励为第二组的二倍,第 3、4、5 无奖惩,最后一组略施小惩。学生心智较成熟,奖励惩罚措施应以娱乐为主,以不会影响学生的学业为前提,不可引起学生的逆反心理,避免其抗拒小组竞争机制。虽然奖惩措施很少,但娱乐模式及小组捆绑机制会使学生产生游戏胜负欲,也会在组员的互相要求下努力争分,达到娱乐竞争的效果。

(二)基于小组合作的教学分层

1.教学目标分层

为避免学生在合作学习时出现盲目讨论或者执着于难点的现象,教师根据学生认知发展水平,结合学生的最近发展区,将教学目标分成三层。A 层学生要求在完全掌握基础知识且能灵活运用知识的基础上,尽量扩散思维,培养创新能力,不仅会做基础题型,还能尝试突破创新题;B 层学生要求完全掌握基础知识,能够灵活运用知识,会做基础题型;C 层学生要求大致掌握基础知识,会做基础题型。教学应当根据内容灵活调整,比如内容整体偏易则要求 A、B 层学生都掌握或者所有层级学生都掌握。如此保证每位学生都能在学习中有能力达成自己的学习目标,获得学习成就感和满足感。除此之外,学生互相之间比较了解彼此,也为了每位学生对自己学习程度有一个大致的认知,当教学内容比较简单时,如:比较基础的习题,可以让学生根据自己的能力自行去掌握能力范围之内的题型,教师直接提问学生对应水平的知识,促使学生优先讨论并解决能力范围之内的题,以此使学生主动对自己的学习进行简单判断和计划。

2.教学过程分层

（1）课堂导入

C层学生和部分B层学生往往伴随着较差的自制力,对学习的兴趣较弱,课堂刚开始时这部分学生容易无法快速进入学习状态。因此课堂引入阶段可以考虑设计一些有新意的故事情境,抓住学生的注意力,自然而然地引入课堂内容,带领学生逐渐进入听讲状态。同时,也可以采取问题串的形式,由易到难,让所有同学都能经过简单的思考回答出正确答案,在学生适应思考的过程中逐渐深入,让各个层次的学生都有认真思考的过程,能够快速进入学习思考状态。

（2）课堂讲解

在教师实际授课时由于学生众多,不太容易做出非常明确的细致划分,对学生进行有针对性的差异教学。因此教师只要根据本节课所需完成的教学内容,制定不同层次的教学目标,将其根据必须掌握和可以掌握、难和易进行区分。教师划分出所有学生必须掌握的简单知识,来让A、B、C层同学都完成,必须掌握的略难的知识,要求A、B层掌握,C层大致理解;可以掌握的创新知识,让A层掌握,B、C层学生了解。此外,可以根据教学情境适当地给予语言提醒,让学生始终保持"我有能力学会"的心理,避免学生因为内容经常过难而产生条件反射般的抗拒心理。

（3）课堂练习

习题选取应当照顾到各个层次。当习题较简单时可以让学生自行解题和讲解,培养学生(尤其是C层学生)的学习成就感和满足感;当习题适中时,可以先让学生尝试,以便B、C层学生进行思考巩固,然后再挑选A层学生讲解,教师补充,让A层学生形成深度记忆,夯实基础,规范作答过程;当习题较难时,教师可以采取提问的形式,询问学生思路,锻炼学生尤其是A层学生的思维,逐步以提出疑问的形式引导学生得出正确思路,带领学生共同解答。学生在此环节只要顺利完成本层次任务,即可加1分,若有创新或亮点,可加2分。

（4）课堂提问

提问环节穿插在整个教学全过程,是教师和学生交流的一种方式,可以帮助教师了解学生的学习效果,它也可以培养学生思考、解决问题的能力。在人本主义理论的指导下,教师应当设计一些有跨越性的问题,使得 A 层学生能够有进一步的提升;而对于 B 层学生应当设计一些递进式的问题,引导其逐步深入知识;对于 C 层学生可以提问基础知识来帮助其理解记忆,起到鼓励的作用。不论问题难易,教师在学生层次范围内进行提问,答对均可加 1 分,答错扣 1 分。

（5）课后作业

教师在布置课后作业时,应当针对作业难易进行区分,并且注意根据大学时间紧的特点,把握完成作业所需的时间,设计分层作业,避免B、C 层学生做题吃力而产生抗拒心理。绝大多数教辅习题均是由易到难的排序方式,教师针对不同层次的学生将作业分成必做题和选做题,并鼓励学生尝试选做题,可以使学生在写作业时有"我有能力完成作业"的心理,积极且乐于认真完成作业。每位同学只要完成了本层次任务即可加 1 分,主动尝试上一层次任务且小有收获加 1 分,超额完成上一层次任务加 2 分。激发学生学习兴趣,主动尝试突破自我。

3. 教学评价分层

教学评价不应只关注学生的最终成绩,而应注重学生的日常学习表现。良好的日常学习状态是学生取得其能力范围内的好成绩的关键因素,学生的学习态度相较于学习成绩更应得到鼓励夸奖。大学阶段的知识略难,部分学生会出现久学但没成效的情况,由此产生怀疑自我能力的心理,进一步产生摆烂心理。因此教师应当多关注学生的日常学习状态,教师随口地夸奖往往对学生是很大的激励。针对不同层次的学生,只要其完成了本层次的学习任务,就可以进行夸奖,若其完成了更高层次的任务,则更应得到鼓励和夸奖。此外,在积分上,由于学生水平不同,应设置相对应层次的目标要求,达成目标要求即可得分。也可鼓励低水平学生突破自我,如:在小组上台展示环节,若学生上台展示,展示成功 C 层学生加 3 分,B 层学生加 2 分,A 层学生加 1 分,展示失败不论层次均只扣 1 分。由此使得组内学生积极团结互助,高水平学生主动帮扶低水平学生去掌握能力范围之内的知识,做到难题 A 层学生主动展示,常规题 B 层学生主动展示,简单题 C 层学生主动展示,各层学生均能积极参与到学习活动中来。

第三节　做学一体，实行项目式教学

一、项目教学法的内涵与特征

项目教学法起源于 19 世纪中叶欧洲兴起的实用主义。学生通过项目实践应用知识和获取知识，因此，实践性是项目教学法最大的内涵。

项目教学法是以主题和任务为中心和驱动的教学方式。首先教师需要根据教学问题设计和制定一个项目的工作任务，即创设学生当前所学习的内容与现实情况相接近的情景环境，把学生引入需要通过某些知识来解决现实问题的情境。在实施过程中，学习者要根据任务或问题进行讨论和思考，设计出具有可执行性的处理方案，用理性审视假设并测试；或者是实施调查研究，联系时代背景、运用相关理论深度解读调查结果，最终提出解决问题的建议。

威廉·赫德·克伯屈（Kilpatrick,1918）沿袭了杜威的实用主义教育思想，提出设计教学法，目的在于创设问题情境，让学生自己去计划、去执行和解决问题。[①]设计教学法被认为是项目教学法的起源。因此"设计"是项目教学法的重要内涵。"设计"实际上不仅仅是在教师层面（教师需要根据问题设计和制定一个项目任务），更在于完成项目的学生，他们需要设计完成任务的方案。"设计"需要全局视野，在项目教学模式下教师和学生都被置于一个更高层次，从"职员"变成了"总裁"，从"士兵"变成了"将军"，任务是否能完成，完成的质量如何都与"设计"密切相关，正是"设计"这个实践环节让师生能力得到大幅提升。因此，设计是项目教学法的另一重要内涵。

项目教学法的基本原则就是以学习者为中心。在项目教学框架下，学生是教学活动的主体，教师是引导者，学生在教师的指导下，规划并

---

① Kilpatrick W H. The project method[J]. Teachers college record, 1918, 19（4）: 1-5.

监控项目过程、项目进展和结果。

在项目教学模式下，通常由教师提出一个或几个项目任务设想，然后和学生一起讨论，最终确定项目的目标和任务；之后，由学生组成的项目组领取任务，通过磋商（包括师生间的磋商，项目组成员间的交流、讨论）制订项目工作计划，确定工作步骤，分配任务，实施计划，最终分工协作完成项目；完成项目后，师生共同讨论、评判项目工作中出现的问题。因此，协作与合作，磋商与讨论贯穿项目教学的全过程，是"项目教学法"的重要内涵。

项目小组在教师的指导下完成任务后要通过撰写研究报告和制作PPT来汇报和展示项目。展示环节要求学生用流畅的语言，清晰的思路，有理、有据、有逻辑且生动有趣地表达出来，以期获得同学和教师的认可。展示环节对外语类项目教学意义非凡：首先，不论是英语专业还是非英语专业大学生，撰写英文研究报告是他们在学术道路上发展的必然要求，通过本环节，学生可以掌握一般英文学术写作规范，亲身体验外语写作带来的快乐和困惑；其次，制作高质量的PPT并在课堂上流畅、自信、生动地进行介绍可以为项目小组带来极大的成就感和荣誉感，即便展示不成功，也会给小组成员带来巨大动力，为下一个任务作更充分的准备。

在项目汇报展示完毕后，我们需要评估项目，包括教师评价、学习小组评价和自评，师生共同讨论、评判项目工作中出现的问题、解决问题的方法以及学习行动的特征等，通过评价，通过反思，纠正认识，纠正方法，纠正思路。此外，项目教学法还具有跨学科性和兼容性，这一特征使外语教学的跨域成为可能，通过项目用外语去研究政治、经济、文化、技术、社会等，实现语言作为工具在真实语境中的应用。

二、外语项目式教学的策略

（一）项目教学宏观设计思路

项目是由课题组教师结合教材的单元主题、学生实际拟制的，属于研究类项目，需要使用问卷调查、采访等研究方法，使用归纳、总结、推理、综合等分析方法，使用联系环境、时代、社会等立体层面溯因的讨论方法,按照"现象→问题→调查→分析→讨论→解决问题"这个逻辑展开研究实践。通过研究实践、汇报展示、评价和反思,希望在如下几个方面使学生得到发展和提高。

（1）思想认识：通过对项目调查、研究、思考、分析、讨论,通过归纳、总结、推理、演绎、综合,通过联系环境、时代、社会、国家、世界等对现象进行客观理性解读,致力于解决现象中存在的问题,从而深化学生对话题的认识深度,增强其社会责任感和担当意识,达到塑造三观的作用。

（2）语言：项目实践可以帮助学生打下扎实的语言基本功,锻炼读、写、说的技能和培养语言综合运用能力。这是在真实语境下的语言应用,让英语成为信息输出的工具,表达思想观点的工具。

（3）内容：使学生拓展对本单元话题的认知、通过信息查询、文献阅读了解跨学科知识和相关百科知识。

（4）能力：培养学生有效的学习策略以及研究能力、自主学习能力、合作交流能力、批判性思维能力、问题解决能力、信息搜索能力、各类软件和平台使用等非语言能力。

（5）情感：培养家国情怀,培养学生内在的学习动机、积极的学习态度和较强的自我效能感。

（6）素养：通过教师的指导和规范,通过学习、研究、汇报、展示和比赛、通过评价和被评价,培养学生的学术素养、信息素养、视觉素养。

（二）项目与项目计划

项目是计划好的,有开始时间和结束时间,结束后有产品或成果的工作。本课题的项目具有同样特征,项目由教师结合教材《新视野大学英语读写教程1》《新视野大学英语读写教程2》的单元主题、学生学习生活实际和思政目的提前拟制好的,在开学初给学生布置好任务（开始时间同步）,每个小组项目结束的时间与教学进度同步,结束后的展示研究报告需要在课堂上汇报展示。每学期16个教学周,每周2个学时,每本教材8个单元,即每单元需要2周4课时完成,各单元项目需要在该单元第二周的第四个学时完成汇报与展示。

如下表4-2所示是一期实验2021.9—2022.1的项目和项目计划：

表 4-2 一期实验项目计划《新视野大学英语读写教程 1》

教学周	教学内容	项目	项目计划
1	开学第一课	介绍项目	布置项目
2-3	Unit 1 Fresh Start	1.A Meaningful College Life	第 3 周汇报
4-5	Unit 2 Loving parents, loving children	2.Conflicts between Parents and Children	第 5 周汇报
6-7	Unit 3 Digital campus	3.Effects of the internet on College Students	第 7 周汇报
8-9	Unit 4 Heroes of our time	4.Civilian Heroes	第 9 周汇报
10-11	Unit 5 Winning is not everything	5.Olympic Games	第 11 周汇报
12-13	Unit 6 Earn as you learn	6.University Students' Taking Part-time Jobs	第 13 周汇报
14-15	Unit 7 Hoping for the better	7.Bad Behaviors on Campus	第 15 周汇报
16	Unit 8 Friendship across gender and border	8.Cross-gender Friendship	第 16 周汇报
表注：因第一周教学内容的特殊性,以及之后节假日因素,通常最后第八单元教学内容以及项目基本无法完成,因此项目小组通常有 7 组,完成的项目通常为第 1 单元至第 7 单元。			

如下表 4-3 所示是二期实验 2022.2—2022.6 的项目和项目计划：

表 4-3 二期实验项目计划《新视野大学英语读写教程 2》

教学周	教学内容	项目	项目计划
1	开学第一课	进一步介绍项目	布置项目
2-3	Unit 1 Language in mission	1.Reflections on Doing a Project in English Class	第 3 周汇报
4-5	Unit 2 College- The ladder to success?	2.Challenges in College Education-Major Choice	第 5 周汇报
6-7	Unit 3 Discovery of a new life stage	3.Pains during the Odyssey Years	第 7 周汇报
8-9	Unit 4 Dance with love	4.Campus Romance in College	第 9 周汇报

续表

教学周	教学内容	项目	项目计划
10–11	Unit 5 The money game	5.College Students' Spending and Saving Habits	第 11 周汇报
12–13	Unit 6 Less is more	6. College Students' Life Style	第 13 周汇报
14–15	Unit 7 Women：Making a difference	7.People's Prejudices against Women in Daily Life	第 15 周汇报
16	Unit 8 Human right vs. animal right	8.How to Treat Animals?	第 16 周汇报

注：因第一周教学内容的特殊性，以及之后节假日因素，通常最后第八单元教学内容以及项目基本无法完成，因此项目小组通常有 7 组，完成的项目通常为第 1 单元至第 7 单元。

（三）项目教学步骤

项目教学按照如下七个教学阶段进行：

（1）介绍项目和分组。介绍"项目式教学"理念和"如何做项目"，之后学生进行分组并选拔组长。

（2）设计项目。由课题组教师根据教材的单元主题、学生实际学习生活和课程思政目的共同设计项目，给学生项目小组布置任务。学生项目小组根据自己的理解和看法对项目进行"再设计"，并拟制具体的研究目标或研究问题。

（3）制定计划。小组项目负责人根据研究目标，通过协商制定项目工作计划、工作步骤，并最终得到教师的认可。

（4）实施计划。小组项目负责人通过协商确定小组成员的合作形式，明确组员在项目实践中的分工，然后按照已确立的工作计划和步骤开展项目实践。一般工作步骤是：确立研究目标→阅读文献→确定研究方法→展开调查（问卷／采访）→回收和分析数据→总结研究发现→讨论并得出结论→用英文制作 PPT，撰写研究报告。

（5）检查修改。汇报展示前由教师对 PPT 和研究报告进行检查和审核，并提出修改意见。然后学生修改，教师再审核直至合格。

（6）展示与评价。负责汇报的小组成员在教室或在线上演示 PPT，用英文介绍研究成果。汇报结束后，由学生（非小组成员）和教师依据评价标准分别点评；课后，教师以书面形式在班级群公示终评。

（7）反思与借鉴。项目小组根据终评对 PPT 和研究报告进行最后修改，然后提交作品。教师将本轮次最佳作品发到各班级群，给予鼓励表扬，同时达到互相借鉴学习的目的。最佳作品将和其他实验教师推出的最佳作品进行二次评比，胜出作品参加学期末终极决赛。

（8）项目教学后期。每阶段（即每学期）项目教学完成后，教师对学生的项目成果（PPT，研究报告）进行修订和汇编，根据学生学习表现、意见和问题反馈、项目成果折射的共性类问题，反思项目教学的短板，继而进一步完善课程、课堂和研究项目的设计，为下一阶段教学做好准备。

第四节　引导学生进行自主学习与体验式学习

一、自主学习

（一）自主学习的界定

学术界对自主学习的研究已经比较成熟。20 世纪 90 年代以后，Zimmerman（2013）对自主学习的定义最具有代表性。他认为，自主学习是指根据对学习过程的结果反馈，采用适应性学习策略，达到学习目标预期，包括三个显著特征：①自主运用学习策略；②积极主动定向反馈学习效果；③持续不断地学习动机。学生是自主学习过程中元认知管理、学习动机和学习行为三个方面的积极建构者。

在国内获得广泛认可的是庞维国（2001）的界定：自主学习指根据明确的学习目标，主动选取学习策略，监督和调控学习过程、评价和反馈学习结果的主观能力。分为横向维度和过程维度，横向表现为：内部驱动导向的学习动机、在既定学习内容上做出抉择、自我调节学习活动、规划安排学习时间、领悟外部支持、反馈和评价学习结果。过程表现为：在开展正式学习活动之前能够对学习目标做到心中有数、合理规划学习任务、调整学习状态做好充足准备、自我监控学习进度和方法、自我反馈学习过程和自我调整学习情绪状态，并在学习活动结束后对学习成果进行检查、总结、评价和反思。

本书将使用庞维国对自主学习的定义，将自主学习界定为学习者在教师引导下有意识地对学习过程进行自觉计划、主动监控、及时反馈、正向评价、积极调整的过程。

（二）大学生外语自主学习能力培养

外语教学需要教师激发学生的学习动机，以"趣"为抓手，通过丰富的教学内容来提升学生的学习主动性。学生为成为主动的构建者，需要在学习过程中不断探究、不断积累来构建知识的意义。与此同时，在构建意义的过程中，还要引导学生自主搜索、判断相关的信息资料，对接触到的问题提出假设，并通过分析加以验证，要让学生善于将前后知识相联系，并进行思考，这是学习动机的重点所在。学生的学习动机主要体现在以下几点：目标的确立、方案的制定与完善、资源的整合利用等。这些内容与建构主义理论内容大体相同。为实现这一目标，外语教师要引导学生加入整个学习过程，成为学生构建意义的帮助者，从而调动学生的主动性，提升其学习兴趣。

二、体验式学习

（一）体验式学习的概念界定

1. 体验式学习

（1）体验

学者裴娣娜[1]认为，体验是一个人对愿望，对要求的感受。张华[2]在

---

① 裴娣娜. 发展性教学论 [M]. 沈阳：辽宁人民出版社，1998.
② 张华. 体验课程论——一种整体主义的课程观 [J]. 教育理论与实践，1999
（12）：38-44.

分析经验课程和体验课程之间的区别时强调,体验是一种存在于精神世界的价值取向,是对人、自然和社会三个有机整体的意义建构和形成价值的动态过程。而体验学习的最终目的是指向人在自然性、社会性和自主性等方面的全面健康的发展,因此体验学习更应该强调人的发展,强调以学习者为中心。

沈建[1]从学习活动中主体接受性参与和主题体验性参与两个维度来论证学习体验的过程,也就是指主体在参与学习活动过程中,通过主体内在的知、情、意、行的整体参与,亲历验证,达到生理和心理、思想和情感、社会历史认知等多方面的交织运动的过程。而杨四耕[2]认为,体验是在主体对事物亲历实践后,在产生的真实的感受和对事物多方面深刻理解的基础上,进而产生感情、生成意义的活动。

综上,诸多学者从主体参与的各个维度描述了体验的意义,都认为体验是主体参与的一个整体性的活动或者过程,是主体在情感、态度、价值观各个方面的有机统一。在总结以上学者关注体验的界定之后,笔者认为体验是指主体在参与人、自然和社会活动过程中,对人、自然和社会产生的认识,从而产生内在世界的情感和态度的活动过程。学习体验是一种战略性教学方法,涉及重新设计课程流程以关注目标的达成。它还强调使用多样化的教学策略来吸引不同类型的学习者,包括社会互动、合作学习、多媒体游戏和其他教学形式,旨在提供更全面的体验。

（2）体验式学习

体验式学习是一种以学生为中心的学习方式,以体验为出发点,强调通过体验后的反思,形成自己对知识的意义建构,进而指导自己的学习和生活实际的过程。体验式学习的集大成者美国的名誉教授Kolb认为体验式学习是一个以体验为基础的持续过程,学习是体验的转换并创造知识的过程。[3]Kolb创造的体验式学习圈是一个学习周期,从学生对具体经验内容的反思开始,以创造抽象概念,然后通过积极的实验来

---

[1]　沈建.体验性:学生主体参与的一个重要维度[J].中国教育学刊,2001(02):42-44.

[2]　杨四耕.体验教学(新课程课堂教学探索系列)[M].福州:福建教育出版社,2005.

[3]　大卫·库伯著.体验学习:让体验成为学习和发展的源泉[M].王灿明,朱水萍,译.上海:华东师范大学出版社,2008.

测试。这反过来又会产生进一步的具体体验。在 Kolb[①] 看来,学习首先是一个对知识进行建构的过程,而不仅仅是获得知识这个结果;其次,学习的关键在于解决在适应世界过程中的认知与实践的双重辩证,在此过程中需要在感知和领悟之间获得统一,学习者才会明确事物真正的意义;最后,学习是一个对知识进行创造的过程,而知识的创造是需要在体验过程中进行转换的。马修·瑟伦·史密斯(Matthew Seren Smith)认为学生需要在真实的情境中选择适合自己的学习方式,进而体验更深层次的学习任务,获得更高层次的认知技能。Gloria Nogueiras[②] 认为体验式学习是利用学生自己的感官和自然经验,使用详细的建模差异来构建它们,关键在于学生基于经验进行创造和探究,基于此他提出了体验式学习的模型顺序是创造经验、回顾、形式化、测试这四个环节。我国学者李梅[③] 认为,体验式学习是一种以学习者为中心,通过实践和反思获取知识和技能,是"做中学"和"思考中学"的结合。庞维国[④] 认为,体验式学习的内涵随着学习时代的要求而变化,是一种以"直接经验 + 反思"为基础的学习。

综上,体验式学习是以学习者为中心,注重学习过程中的体验的学习方式,是一种基于学习者个体经验开展的学习。在具体的学习目标指导下,学习者基于已有经验,在情境中积极与同伴交流分享,在观察反思中将知识内化,开展一系列的学习活动,通过螺旋式的实践和反思获得新的知识和技能,提升自身的学习能力,不断完善对知识的意义建构。

不同学者对体验式学习的定义不尽相同,笔者将国内外一些学者关于体验式学习特征的观点进行了梳理,如表 4-4 所示:

① 石雷山,王灿明.大卫·库伯的体验学习 [J].教育理论与实践,2009,29(29):49-50.

② Gloria Nogueiras, E. Saskia Kunnen, Alejandro Iborra. Managing Contextual Complexity in an Experiential Learning Course: A Dynamic Systems Approach through the Identification of Turning Points in Students' Emotional Trajectories[J]. Frontiers in Psychology, 2017, 8: 667.

③ 李梅. 体验学习——21 世纪重要的学习方式 [D].华南师范大学,2004.

④ 庞维国.论体验式学习 [J].全球教育展望,2011,40 (06):9-15.

表 4-4　体验式学习的特征 [①]

提出者	体验式学习特征
库伯	过程性、基于经验的持续过程、学习过程要解决辩证对立的适应世界的方式之间的矛盾、学习是一个全面适应世界的过程、学习涉及人与环境之间的关系、学习是创造知识的过程
马修·瑟伦·史密斯	有效的挑战性目标、叙事为活动提供线索,维持学习动机、鼓励学习者自主学习和批判性思维并从不同的角度看待问题和情境的真实性
庞维国	情节记忆、情绪记忆、自我决定性、获取默会知识、实用智力(适应、改造、选择与个体自身的生活密切相关的真实世界环境的能力)
徐翠莲	情境性、自主性、生成性、探究性
王心语	主动性、情境性、渐进性、反思性

从表 4-4 中可以看出,研究者对于体验式学习的特征的分析主要从学习本身和学生的获得性两个方面展开,从体验式学习过程本身分析得出学习的过程性、持续性、创造性、适应性、情境性、自主性、探究性等多种特征,这些特征综合地描述了体验式学习;从学习者本身的获得性特征可以得出获得情节记忆、情绪记忆、自我决定性、获取默会知识、实践智力等特征,这些特征描述了学习者在体验式学习中的经验获得。

除了以上特征外,通过文献分析发现体验式学习还有促进学习者通过合作、行动和反思之后的社会性发展,以及促进学习者自我反思,发展自我意识和元认知能力的特征。[②]笔者认为体验式学习最重要的特征表现在体验式学习的情境性和反思性。情境性是情境的真实性和连续性,真实的情境为学生提供一个理想的学习平台,让其体验更深层次的学习任务,获得更高的认知;保持学习情境的连续性是维持学习动机的重要保障,这需要考验教师的各方面的综合能力。反思性是让体验式学习不仅停留在"体验"阶段,库伯的体验式学习圈中将抽象概念化视为重要的学习环节,是通过反思才能升华体验,反思不仅体现在某一个环节,而且贯穿于整个学习活动过程中,包括对学习内容、学习过程、自我学习状态、团队交流等方面的反思,反思产生的结果也是多种多样的,通过总结提升、再次实践检验等环节,形成自我提升和对知识的意

---

① 朱水萍.体验学习:促进学习方式变革的理论审思[J].中国成人教育,2008(20):129-130.

② 同上.

义建构。

2. 学习活动

"活动"是指由共同目的联合起来并完成一定社会职能的动作总和。马克思认为人类的活动包含认识活动、实践活动和交往活动。而活动是由目的、动机和动作构成。由此,活动是指主体的一系列动作的总和。活动的目的,主体进行活动的动机以及进行活动过程中的动作是构成活动的三个基本要素。"活动"的前面加上"学习"的限定词,即"学习活动",是指在学习过程当中特有的活动。心理学意义上的学习是指个体通过经验而产生的行为或者行为潜能的相对持久的变化。而狭义上的学习则是特指个体通过阅读、思考、实践等过程中获得知识和技能以及产生情感态度等变化的过程。因此"学习活动"则是指个体在阅读、思考、实践、研究等学习中而产生的一系列思想和行为动作的总和。

我国学者李葆萍等认为,一个完整的学习活动应该包括活动主题、活动目标和任务、活动流程(活动模式)、活动资源(或教师的讲授)、主题活动过程等内容。而一个高效率的学习活动应该规划出合理的学习活动步骤,在活动分工,活动资源以及明确完整的活动样例各个方面协调统筹。[1] 孙海民等学者从教学的角度,提出了学习活动过程中的三个统一,即内部活动和外部活动必要性的统一、个体建构与群体建构的辩证统一、确定性和不确定性的统一。[2]

综上,学习活动是指个体在学习过程中产生的一系列思想和行为动作的总和。是指以一定的学习目标和结果为导向,以教学资源为基础,以工具和教学方法为中介,与教师和同伴之间进行的各种操作和行为的总和。学习活动是教学设计中必不可少的关键环节,是体现"以学为中心"的理念的必不可少的关键设计。学习活动设计则是关于学习者,包括同伴和教师在内的各种与之相关的活动群体为了完成相应的学习目标而进行的一系列操作总和的一种设计。学习活动设计最终的成果是由一系列的活动任务构成的活动序列。[3] 一个完整的学习活动设计必

① 李葆萍,李晔,公平,等.以学习活动为中心的信息技术课教学设计及管理设计 [J].中国远程教育,2003(09):45- 47+79-80.
② 孙海民,刘鹏飞.以活动理论审视学习活动 [J].中国电化教育,2015(08):29-35.
③ 严莉.信息技术环境下的学习活动设计研究 [D].华中师范大学,2011.

须有活动设计原则、活动要素设计方法、活动的基本环节、活动流程、活动评价等内容。

（二）体验式学习的基本模型

1. 认知方法／学习方法模型

体验学习的有效性体现在其与人的认知、人的情感、人的身体有着密切的联系。并且，体验学习就发生于这三种认知方式的结合之中，如图4-1所示。

2. 赫伦模型

英国心理学家约翰·赫伦（John Heron）强调，体验学习中应该注重情感，并将情感纳入其范畴之中，如图4-2所示，这一模型是建立在原始经验的基础上，是一个"情感"的步骤。第二步是想象，即将来所发生的情况往往通过想象、直觉等体现出来。第三步是概念，是通过语言或者语言符号对所学的科目进行解释。第四步是行为，是通过具体的行为来进行学习的过程，要做到知识与行动的统一。也就是说，在赫伦看来，只有将情感调动起来，体验学习才能够发生。

3. 舒适区域模型

很多学者都提到了舒适区的概念，这一概念认为如果学生从舒适区域走出而进入学习区域之后，往往能够产生学习这一过程。学习区域中会涉及一些不熟悉的层面，这时候就会产生兴奋与刺激，从而不断提升学生的深度学习机会。当学生离开学习区域，进入恐慌区域的时候，这种学习过程往往会被削弱。不过不得不说，学习者要想有效进行学习，必然需要走出舒适区域。图4-3展示的就是舒适区域、学习区域、恐慌区域的关系。

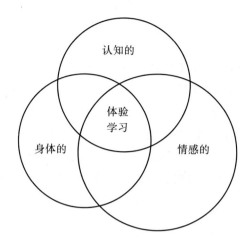

图 4-1　认知方法 / 学习方法模型

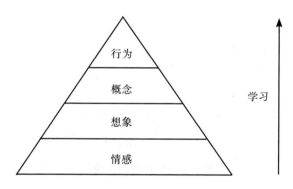

图 4-2　赫伦体验学习模型

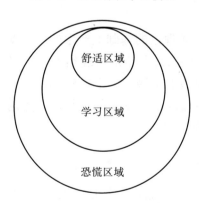

图 4-3　舒适区域模型

4. 刺激模型

学者耶基斯与多德森（Yerkes & Dodson）很多年前就对刺激理论进行了研究,这一理论如图 4-4 所示,强调行为与刺激之间的关系是二次项地关系,是一种非线形关系,并且构成了一个倒立的 U 形结构。也就是说,如果对学生的刺激增加,那么他们的热情也会随之增加,直到某一最理想值的出现。如果刺激继续增加,他们的学习热情就会逐渐减少。在使用这一模型的时候,很多学者就往往将最理想值标记成"学习区域"。

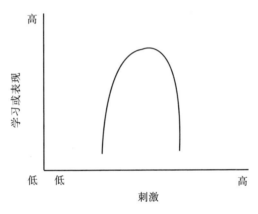

图 4-4　最理想刺激模型

5. 灾变理论模型

这一模型是在刺激理论的基础上产生的。灾变模型理论认为,如果学生受到过度的刺激之后,尤其是出现焦虑之后,他们的学习热情往往会减少,并且出现剧烈的下降,如图 4-5 所示。在舒适区域模型中,很多学者将其称为"恐慌区域",学生们往往在恶劣的环境中感到恐慌,导致他们退缩乃至放弃学习。

6. 自我效能模型

自我效能主要是一个人履行预期要求能力的个体概念,这一概念主要包含图 4-6 的四个层面。按照学者班杜拉（Bandura）的观点,在这四个层面中,先前的经验是最强有力的层面,只有具有有益的先前经验,才能对后期的体验产生有利的影响。如果先前体验是消极的,不是有益的,那么他们后期的体验也是不利的体验。因此,要想确保体验的有益性,往往会需要通过相同的体验来进行鼓励,给予反馈(即言辞劝说),并为人们提供令人激动的环境(即激励)。一般来说,前期的学习任务准备工作、之前的课堂作业、学生课外的学习经验、学生在课内的活动以及教师对学生课堂内的指导等,都能够在自我效能中发挥作用。

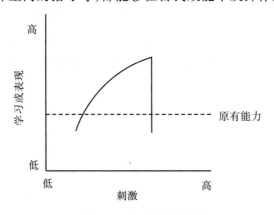

图 4-5　灾变理论模型

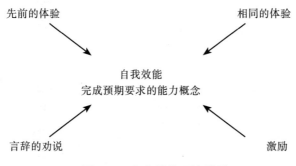

图 4-6　自我效能理论模型

（三）外语教学中落实体验式学习的积极作用

体验式学习就是一种以学生为主体,构建具有较强体验感的学习环境的模式。在体验式学习中,教师利用各种资源构建学习环境,利用合理的方法设计教学活动,引导学生积极参与教学实践活动,让学生通过最直观的体验获取知识与技能,通过直观的体验锻炼个人外语素养与能力,实现教学目标。在体验式学习活动中,学生的自主学习是重点,学生通过自主学习占据学习主体地位,在实践中学习,经历"体验—认知—

获取能力—能力提升"的过程①。

在外语教学中运用体验式学习,无论是对于提升学生外语学习主动性而言,还是对强化学生外语学习合作能力而言,均具有重要作用。体验式学习有助于激发学生的外语学习积极性,部分大学生的外语学习基础较弱,大多数学生没有掌握科学合理的学习方法,此时采用传统的外语教学模式,反而会加剧学生的厌学心理。教师运用体验式学习,能够让学生形成更加直观的外语体验,感受外语的学习乐趣,从而增强对外语的学习兴趣,提升学生的外语学习自信心,促使学生更加积极主动地学习外语。

---

① 李皓婵.体验式教学在高职英语教学中的运用[J].陕西教育(高教),2022(4):86-87.

第五章

学习共同体理论视阈下外语教学的内容创新

外语词汇、语法知识教学与听、说、读、写、译等基本技能教学是外语教学的重要组成部分,学生只有熟练掌握这些基本知识与技能,才能真正提高外语综合运用水平。本章就来具体分析学习共同体理论视阈下外语教学的内容创新。

第一节　词汇教学策略与学生词汇学习能力培养

一、词汇教学策略

（一）运用信息技术

在传统教学中,在学习外语词汇时往往需要同时记忆其他汉语词汇,给学习带来双重压力。而利用信息技术,能够将外语词汇所对应汉语意思利用图片的形式展现出来,帮助学生以更加直观的形式理解外语词汇,让词汇的学习变得更加简单,更加生动。当学生对词汇的记忆与理解越来越快速,越来越熟练时,自信心也能够随之增强,外语思维也能够随之得到锻炼与培养。

（二）运用游戏展开教学

当教学活动与游戏结合起来,就更容易吸引学生的注意力,使其完全沉浸其中。因此,在外语词汇教学过程中,要利用游戏的方式吸引学生兴趣,激发其学习欲望,提升教学质量。所谓兴趣是最好的教师,只有让学生在学习中感受到快乐,才能促使其主动进入学习状态。结合外语词汇展开游戏,在游戏中进行相关教学活动,有助于学生在游戏中不断学习新的知识,并将新知识与旧知识结合在一起,内化旧知识的同时加深对新知识的理解程度。

（三）挖掘教材资源

课本中的教学资料是课堂教学的载体,因此教师在授课过程中应当充分挖掘教材资源,不断拓展,借助互联网的力量将更多的优秀资源引入课堂中,弥补学生的知识空白,拓展学生的知识面。

（四）发挥交际活动的作用

如何提高教学质量是外语教学的主要难点,而充分发挥交际活动的作用,可以快速达到这一目标,确保教学的有效性。实际教学过程中,教师若想显著提升学生的外语能力,使其实现深度学习,应从听、说、读、写四个方面培养学生。基于此,应在外语词汇教学过程中,将交际活动的作用充分体现出来,改变课堂教学氛围,拉近师生之间的距离,学生可以主动向教师阐述外语词汇学习中存在的问题,教师及时调整教学方案,有助于教学工作顺利进行,提高教学效果,在规定时间内完成教学任务。

另外,教师还应适当调整教学方法,以避免学生抵触外语学习,或者产生较大的学习压力。在外语教学过程中交际活动是伴随着情感交流而进行的。通过积极的情感交流能够提升学生的学习兴趣与爱好,培养学生的自信心,增强学生的创新意识与合作精神,在交流过程中要让每一名学生都参与其中。教师在布置活动任务后要及时向性格内向、不善交际的学生提供适当的帮助和指导,缓解学生的焦虑情绪。可以将不同性格、不同学习基础的学生分为一组,形成互帮互助的良好氛围,让学生有更加广阔的交流空间。

二、学生词汇学习能力培养

（一）多元化方式记忆词汇

词汇的记忆对学生而言普遍存在难度,大多数学生都靠死记硬背的方式进行背诵。但这种机械的背诵方式背得快忘得也快。因此,教师应当教授学生以多元化的方式进行记忆,培养其词汇记忆能力,培养其开拓词汇记忆方式的能力。

（二）构建知识体系

学生在课堂学习过程中难以长时间集中注意力，极大降低了教学质量和效果，影响学生未来发展。与其他科目相比，外语学科具有较高的难度，一些学生很难充分掌握教师所讲解的内容，导致产生抵触心理，更加影响学习效果。针对这一现象，在进行外语词汇教学过程中，若想让学生能够深度学习，不断提高教学效果，让学生掌握更多的外语词汇，发现学习外语的乐趣，应根据具体教学内容，充分利用现有资源，构建相符合的知识体系，确保外语词汇教学工作顺利进行。

在实际教学过程中，应结合教材内容创造教学情境，充分吸引学生的注意力，使其全身心投入课堂学习，通过相应的教育活动构建知识体系，能有效提高教学质量，学生可以更加积极主动地进行学习。教师还可以利用当前的先进技术，到网络上查找有关教学内容，取其精华去其糟粕，将其运用到具体教学过程中，使教学内容更加与时俱进并且贴近生活。

（三）采用思维导图方法

与其他教学方法不同的是，思维导图教学方法能够显著提高学生的创新能力和思维能力，端正学生的学习态度，帮助学生发现学习外语词汇的乐趣，增加师生互动次数，促使教师可以在核心素养背景下，培养高素质高水平的学生，满足社会对人才的要求。

第二节　语法教学策略与学生语法学习能力培养

一、语法教学策略

(一)设计教学游戏,激发学习兴趣

在外语语法教学活动中,设计教学游戏是激发学生学习兴趣、培养学生学科爱好、集中学生注意力的有效策略之一。兴趣是最好的老师,在教学过程中,教师应以兴趣培养为主,在学生情绪饱满的状态下渗透语法知识。

(二)利用信息技术,深化知识理解

在外语语法教学活动中,利用信息技术辅助课堂,是深化学生对知识的理解、丰富课堂体验的有效策略之一。利用信息技术深化知识理解,可以从制作微课视频、播放精美课件、图片创设情境、音乐营造氛围等方面入手。

就制作微课视频来说,教师可以在课前准备微课视频,利用视频简洁凝练的语言搭配和谐的动画,深化学生对单一知识点的理解,达到辅助课堂教学、深化学生学习体会的教育目的。就播放精美课件来说,教师可以利用课件的讲解进度推进课堂进程、把握教学环节。就图片创设情境来说:教师可以在讲解的同时在屏幕上播放相关插图,辅助学生理解。就音乐营造氛围来说,教师可以寻找与课堂内容相关的乐曲或背景音乐,带领学生进行音乐歌唱活动。

二、学生语法学习能力培养

（一）强化专题训练，巩固知识记忆

在外语语法学习活动中，专题训练是帮助学生查漏补缺、检验学习成果、巩固知识记忆的有效策略之一。专题训练可以从预习题目、课堂作业、课后专题训练和复习专题训练四方面入手。

就预习题目来说，教师可以在学生预习环节给学生布置简单题目，请学生尝试回答并将回答带入课堂，在听课过程中检验自己的回答是否正确，以此设置课堂疑问，调动学生学习兴趣。

就课堂作业来说，教师可以在完成课堂教学内容后为学生布置当堂检验作业，并总结学生常错题目进行重复教学，提升当堂学习效率。

就课后专题训练来说，教师可以设计多套针对不同考点、不同题型的专题训练，根据学生的个人作业完成情况布置适当的课后作业题目，巩固知识空缺。

就复习专题训练来说，教师可以定期为学生布置复习专题训练，将考点进行融合，以此提升学生的综合学习能力，巩固知识记忆。

（二）创造交流情境，强化语言能力

在外语语法学习活动中，创造交流情境是培养综合表达能力、强化语言能力的有效策略之一。语言能力可以笼统概括为口语表达能力和书面表达能力。就口语表达能力来说，教师可以通过小组对话、接龙对话、情境创设、角色扮演等方式锻炼学生的口语表达能力，检验学生的语法掌握状态。教师可以将学生分成若干小组，请小组同学轮流利用课文进行对话，巩固知识记忆，培养外语语感，此活动可以集中锻炼学生的复述能力。教师可以请同学们进行对话接龙，设计造句规则，即兴发挥，在不违反语法规则的情况下畅所欲言，将对话以接龙的形式传递下去。此活动可以集中锻炼学生的造句能力。教师可以创设课文情境，请同学们扮演课文角色进行即兴表演，用英文进行对话，融合表演元素，适当夸张语气，活跃课堂氛围。此活动主要锻炼学生的临场发挥能力。

在教师的引导下,学生的各项口语表达能力得到充分的锻炼。就书面表达能力来说,教师可以为学生布置填补对话式题目或开放式作文题目,立足整体观察学生的语言组织能力和词句应用能力,全面掌握学生语法学习情况。

第三节　听力教学策略与学生听力学习能力培养

一、听力教学策略

(一)利用听说教学,实现听说训练的整体性

在外语听说课教学中,对于学生听、说能力的培养,教师要把握听、说的特点和规律,以点带面地凸显教学目的。听力是听说学习中重要的一个环节,对于外语听说学习的意义重大。学生在进行听力训练时如果只注重听力训练的结果,而忽略了语言的学习过程和规律等其他方面,就会导致学生对语言的认知与理解出现偏差。对于学生而言,其听的能力是在一定背景下建立起来的,而不是说出来就能得到提高。

教师在进行听说教学时应该把学生当作一个整体来看待,在听力教学中,可以将一些语言点与学生的生活经验联系起来,从而提高学生的听、说能力;可以通过不同文体的语言来提高学生对不同文体语言特点和表达方式的了解;同时也可以采用游戏等方式提高学习兴趣以及效果;还可以通过一些生活中常用单词、句子以及各种句子之间的联系来帮助学生更好地掌握一些外语词汇、语法知识等。所以要想实现良好的外语听说教学效果,就必须对听与说能力进行整体性训练。

(二)建立有效评价体系,让听与说相互促进

在外语听说教学中,教师要重视学生听与说的相互促进作用,并且要对学生进行评价。由于学生的听说水平参差不齐,在具体测评时也不

能统一进行。例如,教师在上完一节课后需要对学生的表达能力和学习态度等方面进行评价时,教师可以将这些内容分为三个部分:第一部分是语言知识类问题(重点检查学生对词义、句型、时态和句型的掌握情况);第二部分是语言技能类问题(检查学生单词拼写、语法和句型等方面情况);第三部分是思维品质类问题(主要检查学生对于文章内容的理解、分析和判断方面)。

在听说训练结束后,教师需要组织一次课堂检测,通过一些有针对性的练习,对各个部分的测试进行综合评价。此外,教师还需要为学生提供机会,让他们在课下与其他班同学互动交流。同时还可以给学生提出一些外语学习方面的问题或建议,提高他们听与说的能力。

(三)重视提升外语教师高水平语言综合运用能力

大多数外语教师的母语是汉语,很少有机会与以外语为母语的人交流,因此,他们不能完美地发挥课堂交际活动的组织和指导作用,也不能为学生创造良好的口头交流情境。目前,一些外语教师在口语能力方面存在发音带有地方口音、语音语调不纯正等问题;课堂语言僵化、不自然,不符合外语交际的习惯。为了提高语言沟通能力,教师应积极参加各类提高培训,同时注意平时的听说练习,模仿标准音频的发音,纠正自己存在的缺点。通过必要的口语培训,教师能够改善口语水平,使用更灵活的外语课堂语言,提高课堂上的口语氛围。此外,我们在加强外语口语能力后,还需要提高自己的语言丰富性和美感,营造活跃的课堂氛围。语言的美要求教师在教学中掌握发音和语调并努力使语言更有节奏。而且,我们也要加强对教师的个人修养的培养。对于学生在听力中遇到的困难和问题,教师要能够认真分析,不要把结果当作一切,盲目批评。相反,教师要善于提出建设性的解释或解决办法,及时鼓励学生,激发学生的听力热情,帮助他们克服畏难心理,减少心理障碍。

总之,教师要想方设法提高听力教学水平,积极更新教育教学理念,在听力教材加工、教学方法选用和教学评价实施方面,积极改革实践,充分利用优秀的视听媒体。同时,提高教师自身素质,也是有效指导学生提高听力水平的重要前提。在教学的同时,融入学科素养教育,让学生明白,为了适应国际环境,学生必须加强外语学习,提高外语能力,特别是听和说的能力。

（四）创设情境，让学生对所学内容有兴趣

对语言知识的学习与应用过程，是一种在学生头脑中形成知识表象的学习过程。所以，学生的学习兴趣、好奇心和求知欲也是教师创设情境进行教学设计的重要因素。在外语听说课的课堂上引入情境元素，教师可以通过播放一首歌曲、一个小故事或者是一段文字等方式，让学生在课堂上与同伴进行交流。这样不仅可以让学生能够在一定程度上了解外语国家文化，还能进一步激发学生外语学习的信心和好奇心。另外，教师在使用创设情境元素时，还要注意把握创设情境元素与教材内容之间的关系。

二、学生听力学习能力培养

（一）采用灵活多样的听说训练手段

基于深度学习视野，在组织学生进行听说训练时，要注意联系学生实际，根据学生身心特点，设计多种多样的训练手段，主要基于丰富多彩的课堂活动来开展训练，让学生有参与的热情和兴趣。

要注意根据学生的学习特点和兴趣来选择教学内容，采取灵活多样、生动活泼的教学方法，引导学生用外语表达思想，用外语进行交流。外语学习中应以听说为基础，以听为主，在听说中提高理解能力和综合运用外语语言的能力。现阶段学习外语的目的是交流，因此教师在教学前要先了解学生学习方式，以便于在课堂上创设良好环境，提供机会让学生参与到课堂教学活动中来。例如，在讲授语法的过程中，教师可通过语言现象来激发学生的学习兴趣。教师要通过不同的方式方法启发学生观察、思考，使其产生求知欲。教师还应尽可能为学生提供听、说外语的机会。外语听说课教学中要注意充分利用教材丰富的语言材料来激发学生兴趣；引导学生用简单句型学习语言知识；鼓励学生运用外语进行交流与讨论；指导学生使用基本交际词汇；引导他们正确地朗读课文；教给学生简单的记忆方法，如"重复记忆法""比较记忆法""联想记忆法"等。

（二）重视视听结合的辅助作用

视听结合能较好地辅助提高学生的听力水平。进行视、听结合训练，结合视觉和听觉，调动学生视听感官，帮助学生生动思考，促进学生的听觉。北师大2019版外语教科书提供了大量的音频和相关的视频材料。在各单元的教学设计中，教师可以采用视听相结合的方式培养学生的读、写基本能力，同时注重学生的听说能力的培养。将视频教学引入课堂教学是提高听力最有趣、最有效的方法。通过播放外语原创音视频，学生可以通过一定的视听觉刺激，更好地提高听力水平，增强自己的形象思维和记忆能力。教师还应将视听教学扩展到课堂外部。鼓励学生在丰富多彩的课外生活中感知外语，让学生以快乐的方式沉浸在外语的氛围中。例如，组织外语角、外语沙龙、校园外语广播活动、观看原声电影等。我们也可以让学生尝试视听配音，在电影中找到一个角色的声音模仿对话，如《阿甘正传》中的汤姆·汉克斯，台词量合适，语速适中，学生较容易进行跟读练习，也可以帮助学生试着理解角色特定的语言环境。并不是所有说外语的人都能像广播公司那样标准。听这些听力材料的学生可能会遇到一些带有强烈地方口音的人。这种方法不仅能锻炼学生的说话能力，还能适应听各种不同的口音。听、说、读、写各种能力训练是一个有机的整体，在今天的外语教学中，教师更应重视通过视听结合训练进而提高学生说、读、写的能力。虽然大部分教师非常重视听力教学，但缺乏有效的教学方法，听力教学的过程仅仅只是多次听力训练的反复。在这种单调、沉闷的课堂气氛中，学生们会感到紧张或沮丧，从而失去对学习的兴趣，失去了听力教学的真正意义。因此，通过视听结合促进听力教学，学生可以积累丰富的知识和经验，培养积极的创造性思维能力。积极的心理状态可以帮助听力理解能力顺利发展。

（三）降低母语对听力水平的负迁移

在学习外语时，母语的负转移容易大于正转移，因此，在听力训练的过程中，必须注意母语的负迁移现象。为了尽量减少母语对听力理解的干扰，教师应该尽量用外语来组织课堂教学，尽可能多地在每个教学环节中使用外语。那些能用外语表达的，如课文解释、练习设计、考试安排、家庭作业、奖励、评论等,应尽量使用外语,避免使用中文。培养学生用外语思考学习问题的能力。在初始阶段,让学生掌握一些日常交流语言,要求学生在课堂上必须使用课堂语言,让学生学会听基本的外语交流语言,然后逐渐做到课堂完全没有母语。在教师的帮助和学生的积极合作下,学生不难做到用外语解释外语,只要学生有能力和习惯解释外语,母语的干扰可以大大减少,也能最大程度上削弱母语对听力理解的负迁移。

（四）重视良好听力心理素质的养成

环境因素是影响学生听力成绩的主要因素之一,对学生听力信心的建立和听力训练自我效能感的形成有重要影响。

教师需要了解学生的听力效果差不仅受环境因素影响,还受学生自身能力的影响,并基于此进行全面的分析。接着,可以根据学生遇到的不同的听力测试问题,创建各种听力测试模拟场景。组织学生在教室、多媒体中心和户外场所中开展听力教学活动。教师需要全面地比较听力测试的结果,然后清楚地了解环境因素对听力测试的影响。在不同的模拟场景下进行听力测试,可以提高学生的心理适应能力,为后续的正式听力测试铺平道路。特别是对于那些只有在绝对安静的地方才能获得良好的听力测试成绩的学生,添加适当的外部干扰因素有利于提高他们的听力适应性。采用各种模拟场景进行听力训练,对学生进行听力心理质量训练,可以避免其受到心理因素和环境因素的影响进而影响测试结果。

适当地拓展听力课程的内容。高校学生外语听力测试的关键内容是听力理解测试和听力文本理解测试。教师应做好听力考试的分析工作,明确文本因素对学生考核结果的影响。找出实际存在的问题,然后扩大和完善听力训练的内容。即,教师应根据存在的问题,选用多样的听力材料和听力训练形式。在日常听力教学中,注重提高学生的文本理解能力,并有效地纠正学生的外语发音。此外,教师要掌握听力文本的难度,为各层次的学生开展分层听力教学活动。做好日常听力技能培训,使学生的自我心理适应能力增强,能够适应不同水平的听力测试。教师还应丰富和拓展课程内容、语法和词汇,为学生提供高质量的听力材料。

要加强对学生抗挫折能力的训练。在数字化时代,高校学生有积极的思维能力和鲜明的个性特征,但普遍缺乏抵抗压力的能力。在学习外语知识和语言技能的过程中,学生受到外部环境的影响很大,无法在不同的测试环境中发挥自己的能力。将外语听力教学与学生的心理健康教育相结合,培养学生正确应对学习和测试过程中所面临的困难和问题的能力。为因听力考试成绩不佳而失去学习信心的学生增加符合实际,并带有激励性质的挫折教育。教师帮助学生发现目前存在的问题,帮助他们找出听力能力发展滞缓的根本原因,可以有针对性地帮助他们找到解决办法。同时,心理知识被巧妙地融入听力测试练习中,也可以让学生得到挫折教育的微妙影响。将挫折容忍度教育的内容合理地融入听力考试的文本中,鼓励学生正确地看待考试中存在的问题。

第四节　口语教学策略与学生口语学习能力培养

一、口语教学策略

(一)组织学生开展自主探索与总结

在组织学生开展自主探索与总结的过程中,教师需要做好两个方面的工作:一方面,教师需要引导学生开展分组,并在此过程中合理控制学生开展口语表达与交际的规模;另一方面,教师需要做好教学任务设计工作,促使学生有目标、有针对性地开展口语表达与交际以及跨文化交际策略探索与总结工作。另外,教师有必要根据学生所具有的外语口语表达能力以及跨文化交际能力,合理设定学生自主探索与总结工作所具有的难度。如当学生具备较高的外语素养时,教师不仅有必要要求学生以小组为单位使用外语语言开展交际实践,而且有必要要求学生使用外语语言开展组内探讨工作,这对于进一步地深化学生对跨文化交际策略的认知与掌握具有重要意义。

（二）依托情景渗透跨文化交际策略

相对于组织学生开展自主探索与总结而言，在完成理论教学的基础上，通过预设情景引导学生开展跨文化交际策略应用实践，能够促使学生实现理论与实践的紧密结合，并通过实践来完成对理论知识的训练与内化。具体而言，在依托情景教学引导学生对跨文化交际策略作出认知与掌握的过程中，教师需要创造出能够使用特定跨文化交际策略解决交际困难的情景，并要求学生在这种情景之下对相应的跨文化交际策略进行应用，从而促使学生对这种跨文化交际策略进行深入理解。

二、学生口语学习能力培养

外语口语的主题类型多种多样，除日常交谈口语外，还有思辨口语、演讲口语等形式，同时也会因交际对象和使用场合的不同而发生变化。

（一）口语交际

日常生活中的口语交际是人们口语表达能力最直接的体现。语言交际能力既包括语言能力，又包括语言运用。海姆斯（D. H. Hymes）曾指出交际能力的四个特征[①]：能够辨别、组织出合乎语法的句子；在不同的语境中能够使用恰当的语言；能够正确判断语言形式的可接受性；了解语言是否在现实中常用。

口语交际课程的特点是教给学习者能在真实生活中使用的语言，其教学目的是提高学习者运用外语进行交际的能力，能够用外语正确表达出自身的思想和感情。口语交际课程中的外语教学以达意为主，追求有效的交际功能。学习者在交际课程中要保证语言的流畅性和可接受性，不过分追求精确性。

口语交际课程的活动形式多种多样，下面介绍几种主要的教学形式。

---

① 张蔚.交际法与外语专业基础阶段的口语教学[J].外语教学，2001（2）：91.

1. 两人活动

两人活动在交际课程中施行简便快捷,效率高。教师在两人活动中是监督者,不可随意打断学习者的对话,不在一旁发表自己的意见,同时注意学习者在交谈中所出现的语音、语法错误,并在对话活动结束后及时指出。两人活动是在交际课程中应用最普遍的形式,在相互提高口语表达能力的同时,培养合作意识。

2. 角色扮演

语言学习不能脱离情境而存在。将情境融入口语交际课程中,有利于激活口语课堂教学,提高口语教学效率。对于我国的学习者来说,外语是一门外来语言,因此在学习外语时缺少真实的情境。通过在课堂教学中创设真实的语言环境,引导和培养学习者外语思维和运用外语进行交际的能力。具体到口语交际课程中,学习者通过在模拟的情境中进行角色扮演,将自身的感悟以模拟的方式表达出来,能够加深对口语表达的认识。

3. 话题讨论

讨论的形式能够有效锻炼学习者的口语表达能力,因为在讨论的过程中要使对方接受自己的观点,必须运用恰当的句型、语态等,才能使讨论最终达成一致意见。此外,学习者在对感兴趣的话题进行讨论时,往往发言积极踊跃。学习者以四至六个人围坐在一起的形式进行讨论,在轻松愉悦的讨论氛围中每个人都有发言的机会。

(二)口语演讲

口语演讲能力是现代社会对高素质人才的要求。演讲如今已成为人们社会生活、工作和学习的一部分,在产品发布、工作汇报、成果展示、会议发言、商务谈判、毕业论文展示时都需要良好的口头表达能力。演讲课具有悠久的历史和文化,其源头可追溯到古希腊时期。亚里士多德的《修辞学》和亚历山大大帝征服欧洲的进程对演讲课有着重要的推动作用。牛津大学、剑桥大学早在中世纪时期就已开设此课程,并受到了极大的欢迎。①演讲课将语言操练和语境教学相结合,不仅培养学习者日常外语会话的能力,还锻炼其在重要场合从容不迫地表达思想、阐述观点的能力。因此,开设口语演讲课程具有重要的现实意义。

口语演讲课程突破了以往口语教学单纯语言训练的模式,对学习者的思维过程和语言输出过程给予严格的指导,训练其运用论据有效推理,并准确组织观点的能力,在表达思想的同时有意识地与听众进行互动和沟通,增强语言的说服力和感染力。口语演讲课程的教学目标是培养学习者在真实语境中有效交际的能力,成为成功的交流者。它注重交际过程中能力的培养,除演讲技能,如收集论据、组织材料、整合语言等外,还涉及心理素质的培养,如临危不惧、快速判断、快速反应、自信心的建立等。具体有以下几种教学形式。

1. 语境教学

演讲课在相对真实的语境和具体的交际场合中运用语言,表达观点,交流思想。语境可以分为生活场景、社交场景和工作场景。生活场景涉及消遣娱乐等活动,如参加生日聚会、晚宴、购物等。社交场景包括在礼仪场合的讲话等,如欢迎会、致谢辞、获奖感言等。而工作场景则主要是信息介绍型和说服型的交际活动,如工作汇报、产品发布、产品促销、项目报告等。演讲课培养学习者在不同语境中的交际能力和适应能力。

2. 实践教学

实践教学指的是学习者在真实的演讲中锻炼口语表达能力。Toast-masters club 是国外一个专门练习在公众场合演讲的组织,它在许多国家都设有俱乐部,并定期召开。成员以小组为单位,轮流进行演讲,成员分别扮演着演讲者、反馈者、协调者等不同的角色。在口语演讲课程中,教师可以参考 Toastmasters club 的做法,为学习者创造演讲的机会,在做中练,在练中学。

---

① 王彤. 外语专业口语教学新课型——公众演讲课的探索与实践 [J]. 外语界,2001(3): 47.

第五节 阅读教学策略与学生阅读学习能力培养

一、阅读教学策略

（一）合理应用探究问题，引导学生深度学习

问题是引发人们思考的契机，更是教师与学生之间进行互动交流的有效载体，在进行外语阅读课程教学的过程当中，教师合理选择应用一些探究问题去对学生进行检验，能够帮助教师了解学生对词汇和阅读内容的理解和掌握程度。反之，学生也会在特定情形下向教师提出问题，或是表达自己对阅读文章的想法、疑惑或者感受，一来一往之间，学生通过与教师一起对问题进行分析、研究和解决，能够更好地掌握所学内容，提高自身的外语阅读能力。深度学习理念和视角下的外语阅读教学，应该在原有的教学基础上赋予问题新的应用功效，去引导学生展开深度学习。根据教材内容，结合学生当前的实际学习情况和需求，教师在备课阶段就精心设计好相应的探究性问题，等到正式上课时层层递进地提出问题，将会更有助于提高学生的求知欲，加强对学生深度学习的引导。

（二）以合作活动的优化促进学生深度学习

合作教学这一模式和方法如今也正式进入外语阅读课堂中，在一定程度上给原有的外语阅读课堂带来了新的生机和活力，科学合理地使用这一教学方法，不仅能优化外语阅读课堂的合作活动，更能有效促进学生更深度地去进行学习和发展。实际教学过程中，教师可以根据教材内容设定有针对性的合作主题，再组织学生围绕合作主题以小组为单位进行合作学习，让学生在与自己和同学的交流讨论中，不知不觉地深入外

语阅读文本当中进行学习,更有助于学生对文本内容的理解和掌握,进而有效提高学生的课堂阅读学习效果。

例如,小组内一对一对话问答既能有效增加阅读课堂的活力,更好地活跃课堂学习的氛围,又能让学生在这样的学习环境和氛围渲染下,更充分地将自身的学习主观能动性发挥出来。而一旦学生的学习主观能动性得到充分发挥,学生自然而然就能成为热情的学习者,整个课堂教学的效率和质量也能因学生高涨的热情和源源不断的学习动力得到更大程度上的保证和提高。选择这种课堂教学模式,让学生以合作的形式自主展开课堂讨论和对话,教师只需要做好辅助者的角色在一旁进行监督和引导即可,比如在学生发音不准确和使用句型有问题的时候及时地进行指导和帮助,既能在一定程度减轻教师的教学压力和任务,又能让学生更积极主动地在合作模式之中进行学习。

(三)创设更真实的教学情境,强化教学演示提高学生兴趣

要通过教学让学生善于从亲身经历过的事情当中去进一步了解和探究知识的本质和内涵,针对这一教学要求,外语教师不仅需要在课堂上将基础的外语阅读理解知识进行充分且详细地讲解,更需要注重学生知识形成的过程,相比单方面向学生进行知识灌输和传授,引导学生在学习的过程中更积极主动地去进行发现、感受、探索,学生对知识的学习和认知将会得到更大程度上的深化。目前所使用的外语教材中基本上都会安排一些与学生现实生活息息相关的阅读内容,因此教师完全可以有效借助多媒体教学设备和信息技术教学手段,联系课文内容和学生的实际生活去创设更真实有趣的教学情境进行授课。在有效强化课堂教学演示,提高学生学习兴趣的同时,还能让学生更直观地看到文章中所描述的场景,让学生在学习过程中不自觉去联想自己曾经经历过的类似事情,促进学生不知不觉中在脑海中进行知识迁移,更有助于学生快速且深入地了解和掌握文本的主题及其内容。

二、学生阅读学习能力培养

英语阅读策略,指的是在某种特定目的和计划的指导下,展开的高效学习活动以及正确使用阅读技巧的一系列过程,可以更好地帮助学生

解决阅读问题,科学合理地运用阅读技巧,帮助阅读者更好地实现阅读目标。关于阅读策略的定义,学术界并没有一个统一的解释。以下是几种具有代表性的观点:

Block（1986）[①] 将阅读理解策略定义为:读者如何构想一项任务,注意到了文本中的什么线索,如何理解所发现的信息,以及如何检查这些信息的意义。

Williams &Stevens（1987）[②] 认为,阅读策略是阅读者使用的、根据文本、读者和任务的特征而展开的认知活动。这个定义解释了阅读策略是阅读过程的主要组成部分,并且与个体的知识、目标和背景等有关系。

Harvey&Goudvis（2000）[③] 认为阅读策略是指读者有意识地使用一系列方法来创建意义,解决问题,构建知识等。

何艳丽（2003）[④] 提出要想实现有效阅读,就必须在阅读过程中采取必要的阅读策略,学习者想要达到准确理解的目标,就应当科学运用相关的阅读策略,这样才能让阅读成为一个积极而有效的过程。

由此可见,想要提升阅读能力,掌握阅读策略是基础手段,科学合理地运用阅读策略,可以极大地提升学生在英语阅读活动中的效率与质量,帮助学生逐渐树立更强的学习信心。

心理学家对阅读过程进行了广泛深入的研究。在过去,影响最为深远的有自下而上模型、自上而下模型、交互式阅读、整体阅读法。

（一）自下而上阅读

我们传统教学当中的教学方法从基本的词汇发音开始教学,然后过渡到短语、句型、语句到最后的语篇乃至文章的理解。自下而上模型与

---

① Block, C. C. Reading comprehension: A schema-theoretic framework[M]. Theoretical issues in reading comprehension: Perspectives from cognitive psychology, linguistics, artificial intelligence and education, 1986: 19-34.

② Williams, J. P., & Stevens, R. J. Cognitive psychology and reading education[J]. Journal of Reading, 1987, 30（2）, 148-152.

③ Harvey, S., & Goudvis, A. Strategies that work: Teaching comprehension for understanding and engagement[M].Portland, ME: Stenhouse Publishers, 2000.

④ 何艳丽.实现有效阅读的必要阅读策略 [J].武汉大学学报（教育科学版）, 2003, 22（3）, 107-110.

其相反。根据这一模型,读者能够根据文章中的语境、线索以及已知的结构进行预测,利用上下文的内容进行检验。因此,整个阅读的过程就是在猜测、验证、修改、继续推断这样的循环中进行的。

（二）自上而下阅读

自上而下的阅读方法是指读者在阅读时,先从整体上理解文章的主题和大意,再逐步深入细节和细节之间的联系。这种阅读方法强调读者的先验知识和阅读目的的重要性,读者需要先构建一个基本的框架,然后通过细节来填充和丰富这个框架。这种方法通常适用于阅读长篇文章、学术论文、报告和小说等较为复杂的文本。

（三）交互式阅读

交互式阅读方法是指读者在阅读过程中不仅是被动地接受信息,而是积极地与文本进行交互和互动,以获得更深入的理解和更高效的学习。这种阅读方法通常包括以下几个方面。

提问:读者在阅读过程中不断提出问题,并通过文本中的信息来回答这些问题,从而加深对文本内容的理解。

总结:读者在阅读过程中不断对文本内容进行总结和归纳,以便更好地掌握文本的核心意义和结构。

注释:读者在阅读过程中对文本中的关键信息进行标记和注释,以便在以后的阅读过程中更快速地找到需要的信息。

讨论:读者可以与其他读者或教师进行讨论,共同探讨文本的意义和价值,从而获得更深入的理解和更全面的知识。

交互式阅读方法强调读者的主动性和参与度,有助于读者更好地掌握文本的内容和结构,提高阅读理解和学习效果。

（四）整体阅读

整体阅读方法是一种阅读策略,它强调阅读过程中对整体文本的理解。整体阅读方法通常通过一系列预备活动来帮助读者构建文本的背景知识、主题和结构,并激发读者的兴趣和好奇心,使其更好地理解文本的内容和意义。整体阅读方法还包括一系列技巧和方法,如预测、推断、判断、概括和归纳等,这些技巧和方法有助于读者对文本进行全面和深入地分析和理解。整体阅读方法适用于各种类型的文本,包括小说、散文、科技文献、新闻报道等。

第六节　写作教学策略与学生写作学习能力培养

一、写作教学策略

(一)转变教学思想,提高教师的传统文化素养

在高校外语教学中,教师习惯于根据外语教材内容展开课堂活动,基于外语语言文化背景开展的协作活动,极易让学生进入学习认知误区,认为学习外语只是为了了解外语国家的文化,而没有认识到外语作为一种语言,能提高自身的跨文化交流能力。因此,外语教师要从转变自身教学思想开始,向学生传达学习外语的真正意义,积极挖掘传统文化中具有代表性和教育意义的内容,一方面提升自身的文化素养,丰富自身的传统文化知识储备,另一方面则将其有效渗透到写作教学中,对教材内容进行深入挖掘,使外语充分发挥跨文化交流的作用,通过向学生阐述中西方文化的差异,让学生了解中外语言表达方式的不同,从深层了解传统文化的意义,以此调动学生的学习兴趣。

(二)开发教学内容,充实教材的传统文化内容

在高校外语教材中,介绍西方文化的内容占据很大部分,在传统外语写作教学中,教师会为了赶进度,会选择"就事论事",缺少对教材内容中隐藏的传统文化的拓展,在一定程度上阻碍了优秀传统文化在外语写作教学中的渗透。基于此,教师在开展外语写作教学时,可以对教材内容进行深入开发,对教材内容中隐藏的优秀传统文化进行进一步拓

展,在充实课堂内容的同时,提升学生对传统文化的吸收。当然,在这一过程中,为了使渗透效果最大化,教师可以借助现代化教学设备,将互联网教学资源融入其中,在增强课堂趣味性的同时,拓宽学生对传统文化的认知,进一步充实教材的传统文化内容。

二、学生写作学习能力培养

(一)拓展阅读范围,促进传统文化写作

在高校外语写作教学中渗透优秀传统文化,一方面能丰富学生的英文写作素材,另一方面能提升学生的文字表达能力,但要注意的是,教师进行文化渗透,不仅可以在课堂教学过程中进行,还可以通过拓展学生的阅读范围,进一步提高学生的传统文化写作能力。当然,教师在鼓励学生进行课外阅读时,可以帮助学生筛选一些符合学生当前学习特点的,同时含有优秀传统文化内容的英文书籍。

(二)巧设写作题材,加强传统文化训练

对学生而言,学习外语不仅是为了在外语考试中取得高分,还为了在未来的学习中能够有效进行中外文化交流,使这门语言真正发挥其价值。当然,对高校外语教师来说,在课程标准的不断落实下,提升学生的外语核心素养成为新的教学目标,"教书"和"育人"要双管齐下,方能促进学生全方位发展。可以说,在高校外语写作教学中渗透优秀传统文化,既是时代发展的必然要求,又是教师"教书育人"的任务使然。因此,教师在外语写作教学中,要勇于打破传统,在借鉴历年来写作题材类型的同时,对传统文化进行创新渗透,例如可以制定以下题目:"假如你是李明,你的英国网友 Jenny 想要了解中国春节的相关内容,请你根据自己的理解给对方写一封回信。"让学生在写作中加强对优秀传统文化的认识,训练外语写作能力。

第七节　翻译教学策略与学生翻译学习能力培养

一、翻译教学策略

外语教师应该努力培养学生跨文化交际能力，具体来说，可以采用如下几种策略。

（一）文化比较和剖析

跨文化交际能力的培养是为了在全球化背景下帮助学生更好地进行文化交流和输出，教师可以借助工作之便与其他学科的教职工进行跨学科合作，如和历史、音乐等学科专业的教师沟通交流，了解在中国历史和文化事业的发展中有哪些本土文化辐射国外，并影响到国外人文形态的例子，将其引入课程。例如，在教学 Bill Gates in his boyhood 一课时，教师除围绕 Bill Gates 的童年经历向学生进行讲述和讲解外，也可以适当加入一些我国近当代史上知名度较高的名人轶事，让学生在解读国外名人传记的同时，也能了解到中国近当代人物的著名事迹，并通过对比国外名人和国内名人的成长差异及最终成就，挖掘出东西方文化的观念差异。

同时，教师可以挑选一些典型的案例，如"天堂寨风景区"，国内翻译成 Tian Tang Zhai 或者 Tian Tang Zhai Scenic Fort，并未按照词汇逐句翻译成 Heaven Village，这样做是为了有效规避东西方宗教文化的差异，从而防止外国人觉得景点属于带有宗教性质的地方。又如中国龙，在外语中翻译成 loong，而非 dragon，这是因为在西方奇幻文化和中国奇幻文化中，"龙"的象征意义不同，中国龙在中国神话中一般指代神灵和各种祥瑞，代表了美好的意蕴，而西方神话中，龙是强大、邪恶的生物，其本身的生物性也要大于神性，因此另创词汇有助于受者区分。

（二）文化输出方式的授予

传统教学中,教师大多关注如何引导学生在外语环境下使用外语语种开展信息交流和分享行为,但是随着新时期我国对文化事业的建设力度加强,对提升国家软实力的要求增高,在打造文化自信的教育大背景下,外语被赋予了更多的意义,教师的教学内容也要做出相应的改变。文化输出是扩大文化影响力的关键,要让中国的本土文化扩散到国外、扩散到全世界,让全球民众走近中国文化、认识中国文化,这就需要利用好外语这一国际语言,将其转变为输出中国本土文化的载体,通过外语交流,把中国的特色文化传播到世界各地,让中国的国际地位和影响力更上一层楼。

鉴于此,教师在高校外语课堂中就不能只关注培育学生的外语思维,更要帮助学生掌握应用外语进行文化输出的技巧和方法。语言作为文化交流工具,其应用形态的差异决定了文化传递的差异,学生在学习外语的过程中,要结合外语和汉语的区别,重点把握外语的特点,了解外语对各种文化概念的阐述和解读方式,通过合理的语言思维转换,正确地将中国文化以外语形式展现出来,为自身的文化输出践行做好铺垫。

教师可以为学生布置相应的作业,如安排学生尝试用外语撰写中华五千年历史的简介,并对一些汉语的专用词汇,如"天命""法统""偏安"等进行仔细思辨,用网络检索学术文献或者同学之间互相讨论的形式敲定汉语专用名词在外语语境下的替代方式,以此来锤炼学生的多重文化语境转换能力,培育和加强学生借助外语输出本土文化的能力。教师还可以让学生就日常语境下的汉英用语加以对比,分析在汉语环境和外语环境中人们进行信息交流的趋同点和差异,从中抓住文化元素输出到不同文化体系时文化符号形态变化的关键点,让学生自己对如何借助外语输出本土文化,如何通过外语知识的丰富强化自身的文化输出能力积攒丰富的经验,强化大学生利用外语向国际输出本土文化的能力。

二、学生翻译学习能力培养

语言的语意和语境会因为地区的历史文化不同、地域文化差别而发生变化,如果对相关的文化背景不了解,在理解单词或者语段含义上就容易出现错误。历史文化是民族或者国家经历长期的历史发展而形成,民族和国家的发展经历不同,文明境遇存在差异,这也会导致语言背后积累的文化存在差异。不同的国家与民族都有自己的特殊历史环境,这些特殊历史环境又催生了独具特色的文化现象和历史典故,如果不能正确理解这些典故,那么翻译就无法诠释语言背后的历史含义,甚至可能造成对词义本身的错误理解。

另一种地域文化是基于地域环境和自然条件所形成的文化见解,因为生活环境和经历的自然生态差异,即使在相同事物上,各民族或者国家的群众也会有不同的见解,这种见解上的差异便是由地域文化造成的文化差异。例如,我国一般将"东风"理解为"春日之风",在中文语境下"东风"一般象征着万物的复苏和生机的焕发,如"江南二月春,东风转绿苹""东风驱冻去,万品破阳辉",这些诗句中的东风象征着新生。而在英国等外语国家,由于地域和气候环境的不同,在这些国家的语境中"东风"一般指代冰冷的风,在作品中象征着肃杀和凄凉,如狄更斯的作品就写过 How many winter days have I seen him standing blue-nosed in the snow and east wind,此处的 east wind 显然并非和中文语境中一样,象征希望和新生,而是对冬日凄冷环境的描绘和映衬。不同的历史和地域造成了不同语言的文化差异,在外语翻译中,翻译者必须理解和重视这层差异,才能准确传达出语句的含义,完成文化上的交流。

（一）避免语用失误

语用失误是指翻译时忽略了两种语言的表达习惯或功能差异而造成的失误。具体表现在两方面。一是要去掉或精简原文中的信息。例如,在描述某支纪律严明、协调性高的队伍时,中文一般会用"阵容整齐的团队"来描述,但如果翻译成 Array of the team,那么原句中对团队的赞美和形容就无法体现,表现不出整齐雄伟的意境,因此可以翻译为 A team with a neat lineup 来完成对团队的修饰,体现团队的纪律性。二是没有对素材中独有文化现象进行专门的翻译。语言交流中蕴含了诸多历史元素,关系到很多地名、人名以及历史事件。在进行翻译之后,部分在某一国家或者民族中家喻户晓的历史事件对于外国人而言存在很大程度上的理解困难。例如,"八项条件"一词在中文中特指"国共和谈八项条件"这一历史事件,但如果直接翻译成 eight terms,那么受者只能从字面含义粗浅理解为"八个条件",使其理解出现偏差,所以学生在翻译实践过程中必须充分考虑到历史事件的影响,避免将其单纯地按照字词理解来翻译,要结合语言涉及的历史背景和文化背景进行针对性的语言转化,才能保证语意的准确传达。

（二）避免语言失误

语言失误一般来说归结于文化性翻译偏差,属于译文中违背语言规范的问题。对于这一问题来说,首先是语言表达方式存在错误,比如长江的翻译 Yangtze River,如果前面使用冠词,并不明确是使用 a 还是 the,因此常常出现冠词使用不统一的情况。其次是拼写以及语法出现漏洞,由于中英文的语用习惯和语言逻辑不同,很多在中文语境下成立的语言在外语中却容易出现拼写及语法偏差。例如,"吃饭了吗？"这句话作为问句在中文语境中不需要给出主语就能让被问者明白其询问对象,但是在外语中,询问对方是否吃饭必须有明确的指代对象,因此该句要翻译成"Have you had dinner？"如果没有"you",那么这句话就属于语法翻译错误。因为文化背景和思维逻辑的不同,学生在翻译实践中必须站在翻译语种的角度考虑,如果不注重翻译语种的用语逻辑,就会导致语序不通。再如,如果将"军人使用过的手枪"翻译为 Soldier pistol used 则明显存在错误,原文实际属于短语,手枪属于核心词,同时手枪属于可数名词,往往无法独立使用,需要在之前加 a 或 the,准确的翻译是 The pistol used by the soldier,这样的用词才算合理,若学生没有深入准确了解英文公示语的特征,在翻译过程中很容易出现用词不合理的问题。

（三）避免文化失误

中西方发展历史的不同造成了人文思维以及思想方式的不同,若学生无法清楚了解这一问题,在进行翻译时必然会导致很多文化偏差。文化翻译失误属于功能性翻译失误,是学生必须克服的问题。例如,关于农民起义的翻译,有人会将农民翻译成 peasant,但 peasant 这个词具有阶级属性,代表了一种社会阶级,更加强调人的出身及等级。对于英文的日常用语而言,这样的翻译表现出一定的歧义,是一种缺少礼貌或教养的说法。而"起义"在中文语境中本身是对农民反抗行为的肯定,尤其在我国的革命文化中,农民阶级属于红色文化的重要组成部分,属于无产阶级的核心力量,对我国革命最终取得胜利的意义重大,具有非常强烈的褒义色彩。

第六章

学习共同体理论视阈下
外语教师的网络素养与外语教学发展

外语教师在新的时代发展背景下，需要充分掌握信息技术，提升网络素养，进而全面促进外语教学水平的提升。本章重点研究学习共同体理论视阈下外语教师的网络素养与外语教学发展。

第一节 外语教师网络素养与外语网络教学研究

一、外语教师网络素养

（一）概念界定

2014年5月，教育部办公厅制定《中小学教师信息技术应用能力标准（试行）》，在这份文件中，"教师信息技术应用能力"被界定为：运用信息技术提高教师的工作效率，促进学生的学习效果和技能的完善，并促进教师的专业技能的可持续发展，包括组织和管理、信息技术素养、评估和诊断、计划和准备、学习和发展五个方面。祝智庭教授在解释这份报告时指出，"教师信息技术应用能力"应该包括两个层面，一是教师本身的教学技巧的提高和发展，二是教师运用信息技术来提升教学效率，提高学生的学习成效。在郭绍青教授看来，"教师信息技术应用能力"就是要提升学员的教学水准和教学品质，用信息技术促进学员的成长，从而有效地运用信息技术来解决教育中现存的一些问题。根据教育部关于教师信息技术应用能力的界定，结合两位教授的观点，本研究将"教师信息技术应用能力"界定为：教师在教学活动中，能够有效地运用适合于学习者的信息技术手段，提高其学习效率，并合理地运用信息技术，提高其工作效能，促进自身教学能力可持续的个体化发展。

（二）教师信息技术应用能力的测量

兰国帅、张怡、魏家财，以及其他学者，在对前教科文组织《教师ICT能力框架》进行修改的基础上，与《2030年可持续发展目标》相对照，编制出《教师ICT能力框架（第3版）》。该框架涵盖了18种教育ICT能力，旨在建立一套适合我国实际情况的教师信息技术应用能力框架体系。唐烨伟、李施、彭芸等人首先根据教学数据对师生行为进行了统计,发现了语文教师在师生行为上的转化,并对其进行了相应的分类。在此基础上,以事理图谱为基础,对教师的信息技术运用能力进行可视化的评价,并最终形成一份能够对教师进行可观测、可控制的"测报＋测控"的教师信息技术运用能力评价,为中学教师的信息技术运用能力的评价,以及信息技术运用能力的提高,提供实际的参考与专业的指引。

二、外语网络教学

教育信息化对教育产生了深远的影响,以下从教学内容和方式、教师角色、学生主体地位、教育资源普及和共享以及推动教育改革和创新五个方面进行详细论述。

(一)教学内容和方式的变革

信息化教育带来了教学内容和方式的全面优化。现代信息技术的引入,特别是计算机和网络的应用,为教育教学带来了革命性的变化。

首先,现代信息技术提供了全新的阅读方式,使得阅读变得更加有趣和高效。电子多媒体读物使得阅读与感受、体验结合在一起,从而大大提高了阅读的趣味性。这种阅读方式可以通过音频、视频、动画等丰富的形式,将阅读内容更加生动、形象地呈现给读者,从而加深读者对阅读内容的理解和记忆。

其次,计算机及网络的联想功能、非线性的组织和管理信息,为高效的检索式阅读方式提供了条件。通过计算机和网络,我们可以方便地搜索和查找所需的信息,使得阅读变得更加高效和便捷。这种阅读方式也使得我们能够更加主动地获取信息,从而更好地满足个性化的学习需求。

此外,信息化教育也促进了教学方式和学习方式的更新。传统的教材、教参、黑板、粉笔等载体和手段可以被计算机及网络所提供的集成化的教学环境所取代。例如,多媒体学习系统、资料库、演示环境、辅助学习工具、师生交互环境等,都为现代化的教育教学提供了更加丰富、灵活、高效的教学方式和手段。

在信息化时代,教育教学不再受制于时间和空间的限制,也不再局限于传统的教材和教学方法。借助于网络和多媒体技术,我们可以实现远程教育、在线课程、虚拟实验室等多样化的教育形式,为学生提供更加丰富、灵活的学习体验。同时,大数据分析、人工智能等新技术的应用,也为教育教学提供了更加科学、精准的决策支持,使得教育更加个性化、高效。

(二)教师角色的转变

在传统的教育模式中,教师通常是知识的传授者,主要责任是为学生传递知识,而学生则处于被动接受知识的地位。然而,在信息化教育中,这种角色分工已经不再适应新时代的需求。

在信息化教育中,教师不再仅仅是知识的传授者,而是成为学生学习的引导者和辅助者。他们可以利用多媒体充分表达教学意图,帮助学生更好地理解和掌握知识。学生可以通过下载学习软件、网上查询资料,通过电子邮件或 BBS 等与教师、同学交互联系等方式来完成学业。这种教育模式更加注重学生的主动性和创造性,培养他们的自主学习和协作学习能力。

在这种模式下,教师的角色变得更加重要。他们需要具备更高的专业素养和教育能力,能够灵活运用信息技术和多媒体资源,引导学生主动参与学习过程,帮助他们解决学习中遇到的问题。同时,教师还需要具备与学生进行交流和沟通的能力,了解学生的需求和特点,为他们提供个性化的教学指导和支持。

信息化教育对教师提出了更高的要求,但同时也为他们提供了更好的教学环境和更多的教育资源。通过信息技术的应用,教师可以更好地激发学生的主动性和创造性,培养他们的自主学习和协作学习能力。这种教育模式不仅可以提高学生的学习效果,还可以促进他们的全面发展,培养适应未来社会需求的人才。

需要注意的是,信息化教育并不是要完全取代传统的教学模式,而是为其注入新的元素和活力。我们应该在传统模式的基础上,充分应用现代信息技术和多媒体资源,探索新的教育模式和方法,以更好地满足新时代的需求。

（三）学生主体地位的强化

信息化教育强化了学生的主体地位。学生可以借助信息技术平台和数字化学习资源进行自主学习和个性化学习，这使得学生的学习更加主动和积极。同时，信息化教育也促进了学生之间的交流和协作，有利于培养学生的团队合作和沟通能力。这种个性化学习和自主学习能力是未来社会所需人才的重要素质之一。

（四）教育资源的普及和共享

信息化教育有利于教育资源的普及和共享。数字化教育资源可以通过网络广泛传播，使得更多的人能够获取优质的教育资源。这不仅有助于缩小城乡和不同地区之间的教育差距，还有助于提高教育的公平性和普及程度。同时，网络教育资源的共享也有利于推动教育教学改革和创新，提高教育质量和效率。

（五）推动教育改革和创新

信息化教育是推动教育改革和创新的重要动力。信息化教育的普及和发展，使得传统的教学模式和教育体制逐渐向现代化和多元化转变。这为教育者提供了更多的教学方法和手段，同时也带来了新的教育理念和教育模式。这些变化有利于提高教育的质量和效率，推动教育的创新和发展。同时，信息化教育也加速了教育现代化的发展。

总之，信息化教育对教育产生了深远的影响，这些影响不仅体现在教学内容和方式的变革上，还体现在教师角色、学生主体地位、教育资源普及和共享以及推动教育改革和创新等方面。这些影响有助于提高教育的质量和效率，促进教育的公平和发展。同时，我们也需要不断探索和创新信息化教育的应用和发展，以更好地适应未来社会对人才的需求。

第二节　学习共同体理论视阈下外语
教师的网络素养提升

一、完善教师自主专业发展路径

（一）学习：提升数字素养促进终身学习

信息技术的迅猛发展、经济全球化的不断冲击、教育系统面临的诸多挑战都迫使学校改善课程和理念，开展面向未来的教育，对教师也提出了更高的要求，教师必须更新教育教学理念、充实专业知识、探索更有效的教育教学方法，先于学生成为终身学习者。教师不仅应具备传统的学科知识、教学知识和学科教学知识，还需要通过不断学习和研究成为专业领域的终身学习者。[①]

"互联网 +"时代人人能够创造知识，人人能够共享知识，知识更新与迭代的速度远远超乎了人们的想象。仅仅凭借着教师在师范院校经历的教育与短暂的入职培训，并不能完全支持教师应对在教学生涯中遇到的全部挑战。因此，"互联网 +"时代倡导教师不断接受新知识，进行知识的学习与再学习，教师必须通过不断地探索和反思，拓宽专业知识的广度，钻研专业知识的深度，以提高专业水平实现专业成长。

在"互联网 +"背景下，教师要成为终身学习者，要实现教师专业发展，就必须提升教师的数字素养。数字素养是教师在"互联网 +"时代所必须具备的基本能力和必要素质。教育部于 2022 年 11 月 30 日发布《教师数字素养》教育行业标准，并清楚界定了教师数字素养的内涵。[②]教师应提升数字素养，具备在海量资源中筛选出与自身需求相吻合的教

---

① 朱小虎，张民选.教师作为终身学习的专业——上海教师教学国际调查（TALIS）结果及启示 [J].教育研究，2019，40（07）：138–149.
② 教育部.《教师数字素养》教育行业标准 [S].2022–11–30.

育资源的能力,抵消资源过剩造成的负面影响,从而真正做到教师教育教学效率的提升。[1] 培养教师数字素养,首先应充分认识数字素养的价值。其次,满足教师个性化学习需求,实现因材施教。同时,应搭建智能教学空间,为教师提供强有力的外部支持。最后,应营造数字化教学氛围,创设良好的发展环境。[2]

(二)合作:构建在线教师专业学习共同体

恰如一句俗语所说,如果你想走得更快,就独自前行;如果你想走得更远,就结伴同行。教师合作是专业发展的重要向度,专业发展离不开教师间的合作。[3] 实现教师间有效合作的最好办法就是构建教师专业学习共同体,这也是促进教师专业发展的强有力支持。教师专业学习共同体是一个由教师自发建成的组织,组织的最高目标是实现全体成员的共同进步。良好的合作氛围,共同的价值理念,真正由教师主导是教师专业学习共同体的价值取向。[4] 但当前部分教师专业学习共同体却不符合这一特征,它们往往是在外力驱动下形成的,教师被动参与且积极性不高,学习形式往往以集中培训为主,难以发挥实效。面对这些缺憾,构建基于互联网的在线教师专业学习共同体或许是努力的新方向。

"共享"和"协作"是互联网时代的主要特征。在"互联网 +"背景下,教师专业发展与互联网深度融合,构建在线教师专业学习共同体,是实现教师专业发展不可阻挡的时代潮流。[5] 首先,互联网打破了教师专业学习的时空限制,跨越了学校、地域、年龄、学历等的差异,来自天南海北、素未谋面的教师也能成为专业学习共同体的成员,使个性化学习、专业自主发展有了实现的土壤。其次,教师可以从自身需求出发,组织或融入适宜的在线教师专业学习共同体。在学习共同体中,教师一方面

① 张新征,杨道宇."互联网 +"时代教师专业发展的危机与对策[J].教学与管理,2018,727(06):59-62.
② 杜岩岩,黄庆双.何以提升中教师数字素养——基于 X 省和 Y 省中教师调查数据的实证研究[J].教育研究与实验,2021,201(04):62-69.
③ 崔允漷,郑东辉.论指向专业发展的教师合作[J].教育研究,2008,341(06):78-83.
④ 杜静,常海洋.教师专业学习共同体之价值回归[J].教育研究,2020,41(05):126-134.
⑤ 覃幼莲."互联网 +"背景下教师专业发展共同体的建构模式和策略[J].中国成人教育,2016(17):128-131.

作为学习者，吸纳新知，增长见识；另一方面，成为知识的创造者，将自身经验生成为知识并互相交流探讨。最后，在基于互联网构建的非现实环境中，教师更乐于袒露心扉、畅所欲言，交流教学经验与心得，讨论教学工作中的烦闷与苦恼，从而提升教师对职业的情感认同以及对教师专业发展的价值判断。借助互联网的支持，教师可以组建多元主体参与、跨时空、灵活多样的共同体，为专业发展汇聚优质资源，于共同体中实现共同提升。

（三）反思：大数据技术助力教师反思

反思是个体或群体认识走向成熟的标志。[1] 基于反思，人类能够挣脱感性经验的桎梏，透视事物表象背后的规律，挖掘事物的本质。教育离不开反思，教师必须具备反思能力以更好地实施教学行动，通过反思及时调整教学实践。反思有助于教师对自身形成清楚认识，推动教师发展。系统化、经常化的教师反思是促进教师专业自主发展的基础。[2] 在教育教学中应致力于教师反思能力的培养与反思习惯的养成。

在以往的教学反思实践中，由于技术条件上的限制，以及教师对教学过程中产生的大量数据的价值认识十分有限，教师缺乏数据分析的意识与能力，教师反思多停留在经验回顾式反思。不同于传统教学反思，"互联网 +"时代信息技术在外语教育领域的影响愈发深入，教师反思呈现出许多新变化。首先，在反思内容上，从片面、浅层转向全面、深入。其次，在反思方式上，从经验式反思转向研究式反思。最后，在反思过程中，从直观感性把握转向数据支撑的理性认识。整体而言即呈现出从经验回顾到数据驱动的变化。[3]

在"互联网 +"时代的众多技术中，影响最大的要数大数据技术。大数据具有数据量大、类型多、真实性强、处理速度快等特点，利用大数据技术可以获取并挖掘更多自然状态下大量真实可靠的教育数据信息。大数据技术可以基于获取的数据进行精准分析与可视化呈现，为教师

① 林攀登，张立国，周釜宇 . 从经验回顾到数据驱动：人工智能赋能教师教学反思新样态 [J]. 当代教育科学，2021（10）：3-10.
② 叶澜 . 教师角色与教师发展新探 [M]. 北京：教育科学出版社，2001.
③ 林攀登，张立国，周釜宇 . 从经验回顾到数据驱动：人工智能赋能教师教学反思新样态 [J]. 当代教育科学，2021（10）：3-10.

反思与决策提供科学的数据支持,用技术助力教师发现问题、分析问题和解决问题,以有效改进教学实践促进教师专业发展。[①] 大数据技术支持和理念指引下的教师反思将改变仅依靠教师主观经验的传统形式,立足于翔实的真实数据,通过学习分析技术对教学过程中产生的数据进行加工,并以科学化、精准化、可视化的形式展现分析成果,为教师反思提供支持。[②] 大数据技术的支持让教师能够从客观的、精准的视角审视自身的教学实践,透视数据背后呈现的问题,助力教师进行教学反思与改进,并为后续的专业发展指引方向。

二、建构教育信息化背景下的教师实践共同体

(一)丰富活动形式,注重实践应用

教师实践共同体活动是教师与真实的实践环境交互活动的过程,因此实践环境中所设置的活动形式与活动内容应从教师的发展规律、实际需要和兴趣出发,以此来更好地激发教师在实践共同体中学习的热情。同时应该给予一定的实践机会让教师将习得的理论知识应用于教育实践中,再通过自身的反思能力内化成自己的专业知识,以提高教师的教学效率,从而促进学生的发展。

1. 创新活动形式,提高教师的内在动力

以教师为主体,开展丰富的实践共同体活动可以极大地激发教师的参与积极性和学习兴趣。以学校现有的活动形式为基础,研究者认为创新学校教师实践共同体活动的形式可以从以下几方面着手。首先可以将原有的专家讲座升级为"讲座+答疑",教师在听完专家讲座后,提出现实中的教学困惑,专家可以针对教师的问题进行答疑解惑并现场示范;并且可以利用信息技术,为教师打造专门专家答疑平台,教师可以通过留言的方式获得专家的解答;这不仅让教师学习了专家先进的教

①　张进良,李保臻.大数据背景下教师数据素养的内涵、价值与发展路径[J].电化教育研究,2015,36(07):14-19+34.
②　赵虹元.基于数据素养的教师专业发展:内涵与路径[J].继续教育研究,2017,230(10):77-80.

育理论知识,还明白了如何将理论应用于实践。其次将原有的观摩优秀课例升级为"观摩＋点评",并不是所有的优秀课例都是完美的,甚至有些新手教师觉得自己资历较浅,即使有问题也不敢发出质疑。因此学校可以采取相应的措施,同时为教师营造轻松平等的学习氛围,让每位有疑问的教师勇敢发声,实现共同体成员之间反思评价、寻找差距、弥补不足,提升专业素养。最后,学校可以利用教师头脑风暴、交互协商、教学反思等活动形式,引导共同体成员发掘智慧,实现知识体系的建构;与此同时,还可以创新地进行教师之间的讨论和交流,这些活动的内容并不仅限于教育教学,还可以将话题的范围扩大,让教师之间进行讨论,共同努力,共同解决教师在工作、生活、情感等方面的问题。

2. 搭建教师实践平台,提高学习有效性

实践性是教师职业的本质属性,实践教学能力培养是高质量师资队伍建设的重要组成维度。[①] 教师实践共同体与普通的共同体学习最大的区别就在于,它更加强调教师的实践性。目前部分教师实践共同体中存在学习偏向理论化,教师缺少实践机会的现象,更多的教师希望通过边实践边学习的方式进行共同体活动。基于以上现状,本研究建议,学校应在时间、空间和方式等多个层面,为教师提供一个更为宽泛的活动空间,从而提升在实践共同体中学习的效果。

一是增加实践机会。根据教师的实际需要,减少一些不必要的教育理论讲座,转变为教育实践活动,在时间上给予教师更多的实践机会。实践活动的主题可以是各共同体遇到的教育教学困惑,或者是将学习到的先进教学技巧运用于真实教学的实践。二是建立校外实践平台,带教师走出校园。学校领导可以联系当地教育部门,联系当地其他学校,建立校外的教师实践基地,增强校际间、区域间的教师跨度合作,在空间上给予教师更大的实践舞台。通过与其他学校之间相互联系,为教师举办相应的赛课活动,拓宽教师的教学视野,领略更多教师的教学特色,学其所长补己所短。三是设立网络实践教学平台。在教育信息化的时代背景下,网络可以更好地实现教师间的资源共享,在方式上给予教师多元的实践形式。学校为教师建立一个实践教学网站,在这些网站上,

---

① 白鑫刚.聚焦实践教学能力培养的教师教育模式构建与实施路径[J].教育理论与实践,2022,42(12):38-42.

教师可以发布自己的教学视频或者发表自己的教学看法和疑惑,让全国各地的教师都得以观摩和了解,发表评论,提出改进建议,教师可以有选择地倾听,从而提高自己的教学水平。

3.总结实践经验,提升反思能力

教师自我的反思能力是教师专业发展和自我成长的核心,正所谓"教书匠"与"教育家"只有一墙之隔,这堵墙就是教师的自我反思能力。教师将教育理论真正外化于行的途径是不断地进行实践教学,为教师提供多方面、多途径的教学实践固然是重要的,但要真正将教育理念内化于心还是要靠自身不断地反思,要通过反思超越经验,将实践经验升华为教育智慧。

在教师实践共同体中实现这一目标可以运用多种形式和途径,例如,教师根据自身的学习和实践,自觉地对自身近期的教学实践,及时地进行经验总结,而后自我反思,从而自我改进提升能力;其次,教师实践共同体是一个优秀的教师队伍,在共同体中可以接触到各方面出众的教师,在这样一个成员互相学习、互相合作的团体中,教师可以取长补短,学习他人的优点反思自身;此外,在实践共同体活动开展过程中定期组织教师经验总结大会,让教师在总结经验的过程中不断反思自身"学什么?""怎样做?"等问题,不断建构自身的发展体系和反思体系。

(二)整合内部结构,加强成员交流

教师实践共同体实际上就是教师同侪互助、相互交流的平台,在一个组织建构和运作过程中,应当以运作规则和制度的完善作为首要前提,对教师实践共同体提供最直接的制度保障,使之顺利地运作。其次,在关注教师内部需求的基础上,加强实践共同体中各成员间的交流,为教师实践共同体营造合作的文化氛围,努力促进成员间的合作,使共同体发挥出最大的利益。

1.完善运作规则与制度,调整人员结构

制度文化是人类社会实践活动中所建立的各种社会规范的总和。[1]

① 郐瑞丽.智慧学习环境下的教师学习共同体构建[J].南昌师范学院学报,2019,40(02):109-111.

教师实践共同体的顺利开展,需要一定的规范和制度保障,以发挥制度的规范性、约束力和激励作用。面对当前教师实践共同体的现状,笔者认为可以从以下几方面入手完善教师实践共同体的内部制度。一是完善激励制度,一方面在现有的物质奖励的基础上,可以向当地教育行政部门申请活动经费,提高教师物质奖励的质量;另一方面可以给予相应的精神奖励,对教师的工作、学习给予相应的肯定和口头表扬,让教师在物质和精神上都得到富足。二是要改进考核体系,学校把对教师的考核当作是对教师进行评价的基础,要建立一个更加严谨、公平的考核体系,坚持公平、公正的要求,并把教师每一次参与实践共同体的情况做到公开、透明,让教师之间也形成相互监督的体系,这样才能激励教师的自律精神。三是建立多元的评价制度,采取教师自评、共同体成员之间互评、优秀教师和专家点评相结合的评价模式,全面客观地评价共同体成员的表现。四是构建实践共同体公平的选人用人机制,由教师自愿报名,并由成员们进行表决,选出实践共同体的组织者、负责人,改变原有的由校方领导、资深教师担任负责人的模式,这种模式赋予每一位教师一个平等竞争的机会,充分发挥教师的潜能,使教师能够更好地融入实践共同体的内部组织中。

2. 切实关注教师需求,提高教师合作积极性

关注教师的需求是教师实践积极参与实践共同体和促进实践共同体发展的重要前提,当前我国教师需求呈现三种类型:生存需求、关系需求和成长需求。参加教师实践共同体的教师大部分已经满足了生存的需求,处于关注关系和成长需求的阶段。关系需求,即教师希望与学生、家长、同事之间有和谐的人际关系,并在此种关系中受到认可和尊重,在学校中获得归属感和安全感。教师成长的需求是教师最高层次的需求,是指教师希望在自己的专业能力方面得到提升,包括教师在个人学习和教学工作上的进步,在工作中获得成就感。

根据马斯洛的需要层次理论,只有在满足低层次需要后,高层次的需要才会得以发展,因此,教师实践共同体要切实关注教师的实际发展需求,以教师实践共同体中教师每个阶段的不同需求,为教师提供相应的外部支持。例如,在教师参与实践共同体初期,教师首要关注的是自己与共同体成员之间的人际关系,构建一个融洽的交往环境,是使教师真正进入实践共同体的先决条件。因此,教师实践共同体的开展首先要

关注的就是共同体成员间的人际关系,为教师营造和谐友好互助的文化氛围,只有在满足教师实际发展需求的前提下,教师才会积极参与并快速成长。

3. 建立协作文化机制,促进成员的协作与沟通

哈格里夫斯将教师文化划分为四种类型,即个人主义文化、派别主义文化、人为合作文化、自然合作文化。显而易见,合作文化在教师文化中占有重要的地位。合作文化是指教师在工作和生活中形成相互依赖、相互协调、相互信任和相互帮助的同事关系。[①] 在合作文化中,实践共同体的成员可以讨论同样的问题,最终达成共识,从而推动问题的解决,形成共同的价值观念,实现共同的利益。

在教师实践共同体中,教师协作文化是共同体发展的原动力。教师实践共同体在发展过程中可以通过构建教师合作文化机制,为教师营造良好的合作氛围。教师实践共同体的发展靠的是每一位成员的不懈努力,因此,只有在共同体成员之间建立合作的关系,加强成员间的合作交流,才能够形成巨大的合力,以此在共同体中构建共同合作、共同进步的合作文化机制。在这种浓厚的合作文化氛围下,共同体活动将很容易地开展,教师之间互相交流、互相进行思想的碰撞、互相补充,共同促进教师专业的发展,同时也促进共同体成员朝着共同的愿景贡献自己的力量。

(三)合理利用资源,优化学习内容

资源作为教师实践共同体中成员之间合作交流的中介,在实践共同体交流合作的层面上,应以资源的优化为重点内容。学校作为教学资源的提供者,应该对教学资源的质量进行严格的把控,教师也需对网络上的各种资源进行科学的识别,主动地与大家分享高质量的教育资源,在行政部门的支持下,对物质资源进行合理的使用,将教师实践共同体与教育信息化进行有效的结合,让资源共享的效果得到最大限度的发挥。

---

① 于鸿雁,于秋生,张文革,张霈.从教师专业发展的视角谈教师合作文化的构建[J].教育探索,2010(09):107-108.

1. 把控资源质量,提高资源利用率

高质量的教育资源可以为教师的教学、备课、提升自己能力带来极大的便利,丰富教师学习的内容。例如,通过对许昌市 X 高校的调研,笔者发现,该校为教师实践共同体提供了丰富的资源,既有图书资源也有专家讲座资源,更有在疫情期间的教学信息化网上教研室和网络学习资源,但部分资源的利用率并不高。因此,学校要对提供的资源进行筛选,为教师提供优质资源,研究者认为学校可以作以下努力。

首先,可以对教师进行相应的调查,根据教师的实际需求为教师提供相应的资源。其次,学校应分配专门的负责人,对一些网络资源进行审核,筛选掉低质量的资源。最后,学校的制度应更加民主,不强制教师参加一些教师认为无用或者教师已具备相关知识的培训课程。

2. 建设在线学习平台,实现资源共享

在教育信息化进程中,在线学习平台已经成为教育界的新潮流。网络平台不仅可以为教师提供更加多元的学习内容,还可以实现跨空间的资源共享,对教师的教学工作和专业成长提供了很大的帮助。但也有很多教师指出"网络学习质量难以保证",这也成了教师借助网络学习的一大阻碍。研究者认为网络学习平台是顺应当今时代的产物,我们不能忽视它,而要进一步优化和充分利用。因此,针对现有的教师网络学习的情况,研究者提出以下几点建议:(1)精简网站页面,网络学习平台的页面要清晰,并且对已有的功能进行明确的分类,以便教师根据自己的需要进行快速的检索,例如可以根据不同的学科、年级、知识点进行分类。(2)整合资源,打造高质量课程。网络平台能够以教师检索的大数据为基础,对教师检索问题的次数进行从高到低排序,如果排名高,则表示教师对这方面资源的需求高,因此,平台就能够在此基础上为教师提供更多、更高质量的课程资源,从而提升教师网络学习的质量,保证了网络学习的连续性。(3)优化网络平台的交流功能,平台可以按地区、按教龄、按学科等方面为教师创建全国群组,教师可以在该平台和全国各地的教师谈论教学问题、分享教学经验和教学资源,也可以和自己教龄相近的教师分享自己的工作困惑,舒缓心情。通过文字、图片甚至视频的方式,尽可能地促进教师间的了解并实现资源的共享。

3.提供行政支持,供应物质资源

从理论上来看,教师实践共同体虽然是教师自发组织形成的学习群体,但在现实生活中,面对庞大的教师群体,教师实践共同体的建构和运作还是要依靠行政的支持。在学校这个有组织有纪律的体系中,教师实践共同体的发展,无论是在人力、物力还是运作过程中的调整等都需要依托行政意义开展,在行政力量的支持下,教师实践共同体才能得以顺利运作。虽然行政部门的参与会使我们理想中的教师实践共同体变得"功利性""强制性"甚至"形式性",但若脱离行政支持,教师实践共同体的建构和运作将遇到重重困难。再者,在发展过程中我们可以最大程度上削弱行政支持的负面影响,将利益最大化,合理利用在行政的支持下获得的活动经费、场地空间、专家团队资源等有利于教师实践共同体发展的物质资源。

第三节　学习共同体理论视阈下外语网络教学的创新路径

一、微课教学

(一)微课的内涵

微课(Micro-lecture)是指运用信息技术按照认知规律,呈现碎片化学习内容、过程及扩展素材的结构化数字资源。它通常以视频为主要载体,记录教师在课堂内外教育教学过程中围绕某个知识点(重点难点疑点)或教学环节而开展的精彩的教与学活动的全过程。

微课具有时间短、内容精练、知识点突出等特点,能够满足学习者随时随地学习的需求,因此在外语教育领域中得到了广泛应用。同时,微课还可以通过互联网平台进行传播和分享,使更多的人获取优质的教育资源。

（二）微课教学的内涵

微课教学是一种以视频为主要载体，记录教师围绕某个知识点或教学环节开展的简短、完整的教学活动。它具有时间短、内容精练、知识点突出等特点，能够满足学习者随时随地学习的需求。

微课教学的基本特点包括以下几方面（图 6-1）。

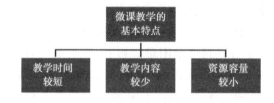

图 6-1　微课教学的基本特点

1. 教学时间较短

根据学生的认知特点和学习规律，微课的时长一般为 5 ~ 8 分钟，最长不宜超过 20 分钟。

2. 教学内容较少

为了突出课堂教学中重点、难点、疑点内容，或是反映课堂中某个教学环节、教学主题，把传统一节课要完成的众多教学内容，分成多段，从中选取一个进行微课教学。

3. 资源容量较小

根据认知负荷理论，学习者在工作记忆中进行加工信息的能力是有限的。微课视频的时长一般控制在 5 ~ 8 分钟，最长不超过 10 分钟，相对于 40 ~ 45 分钟的常规课堂讲授，微课的学习内容是经过高度浓缩的，因此学习资源容量相对较小。

（三）外语微课教学的设计

1. 外语微课教学的设计原则

外语微课教学的设计原则应该以学生为中心，围绕学生的需求和特点进行设计。以下是一些外语微课教学设计的原则（图 6-2）。

图 6-2　微课教学设计的原则

（1）明确外语教学目标

在微课设计之初，要明确教学目标，确定微课要解决的问题和重点。只有明确教学目标，才能更好地设计微课内容，确保微课的教学效果。

（2）精简内容

微课的时间较短，一般只有 5 ~ 8 分钟，因此需要精简内容，突出重点和难点。同时，要避免过于复杂或过于宽泛的内容，以免影响学生的理解和记忆。

（3）吸引学生的注意力

微课的教学效果很大程度上取决于学生是否能够集中注意力。因此,在微课设计中,要采用多种教学方法和手段,如生动的语言、丰富的图片、有趣的案例等,以吸引学生的注意力。

（4）符合学生的学习习惯

不同的学生有不同的学习习惯和方式,因此在微课设计中要考虑学生的学习习惯,尽可能符合学生的需求和特点。

（5）完整的外语课程结构

虽然微课时间短,但需要有一个完整的课程结构,包括引入、讲解、演示、总结等环节。这样可以帮助学生更好地理解和掌握知识点。

（6）良好的教学节奏

在微课教学中,教学节奏的把握非常重要。要避免过快或过慢的节奏,以免影响学生的理解和吸收。同时,要保持连贯性和逻辑性,使学生能够更好地理解知识点。

（7）适合的媒体形式

微课可以采用多种媒体形式,如视频、音频、图片等。在选择媒体形式时,需要考虑教学目标、教学内容和学生的需求,选择最适合的形式来呈现知识点。

2.外语微课教学的设计要点

外语微课教学设计需要合理设置课程目标和明确教学重难点。这有助于提高微课教学的质量和效果,帮助学生更好地掌握知识和技能。

首先,外语微课教学设计应合理设置课程目标。课程目标是微课教学的核心和灵魂,它贯穿于整个微课教学的始终。在外语微课教学设计过程中,教师需要根据教学内容以及学生的实际情况和需求,制定出切实可行的课程目标,以帮助学生更好地掌握知识和技能。

其次,外语微课教学设计应明确教学重难点。在外语微课教学中,由于时间有限,教学内容需要高度精简和突出重点。因此,教师在进行教学设计时需要明确教学重难点,并在教学中着重讲解和突破这些重难点。这有助于提高微课教学的针对性和实效性,帮助学生更好地理解和掌握知识点。

二、慕课教学

（一）慕课的内涵

慕课是一种在线教育形式，它不仅提供了免费的课程资源，还具有与传统课程类似的作业评估体系和考核方式。慕课是网络教学形式之一，它的发展可以追溯到十几年前的在线教育系统。慕课在近年来得到了快速发展和广泛关注。

与传统课程相比，慕课具有一些独特的优势。首先，慕课打破了时间和空间的限制，让学习者可以随时随地学习。其次，慕课提供了更加灵活的学习方式，学习者可以根据自己的需求和兴趣选择不同的课程和学习内容。此外，慕课还具有更加丰富的教学资源和学习资源，可以帮助学习者更好地了解和掌握知识。

总之，慕课是一种非常有价值的在线教育形式，它不仅可以提供免费的优质教育资源，还可以帮助学习者提高自己的技能和能力。随着技术的不断发展和普及，相信慕课在未来会有更加广泛的应用和发展。

（二）外语慕课教学的设计

1. 课程长度

研究表明，学生在观看教学视频时，其专注力通常只能维持10—20分钟。因此，在设计慕课课程时，需要考虑到学生的注意力和学习动力。每周授课时数建议在2—3小时之间，每门课程总时数则为15—35小时。将视频内容分成8—12分钟的短单元，每个单元代表一个连贯的概念，这种方法可以帮助学生在学习过程中保持兴趣和集中注意力。

如果在线学习时间过长，可能会导致学习成效下降，学生可能会失去学习兴趣和学习动力。因此，将学习时间分散开来，每次学习时间控制在一定范围内，可以帮助学生更好地掌握知识。这种碎片化的学习方式可能会越来越流行，因为现代人的注意力时长越来越短。

总之，慕课课程的设计需要考虑到学生的学习动力和注意力时长。

通过合理安排每周授课时数、视频内容长度以及碎片化的学习方式，可以帮助学生更好地掌握知识，提高学习效果。

2. 教学视频的制作

（1）设计课程描述页

首先，课程名称、简短的课程描述、课程任务量等基本信息应该清晰明了。这些信息可以帮助学生了解课程的基本情况，从而做出更好的决策。

其次，课程简介、授课教师简介、课程大纲等详细信息应该尽可能地丰富，以帮助学生更好地了解课程。

最后，制作课程宣传片也是非常重要的。一个好的宣传片可以吸引更多的学生注册该课程。

通过精心设计的课程描述页面，慕课平台可以更好地吸引学生的注意力，提高课程的注册量，同时也为学生提供更好的学习体验。

（2）创建会话网站

为了创建高质量的线上课程，教师需要了解并掌握一些课程制作的技术。这样，他们才能更好地利用在线平台，充分了解其作用和局限性，以便更有效地设计和准备课程材料。

第一，熟悉会话网站。教师需要了解会话网站的功能和使用方法，包括如何上传课程材料、设置测验和编程作业，以及如何定制和调整会话网站的结构和内容。他们还需要学会使用各种工具和功能来方便地与学生进行交流和评估。

第二，创建课程的章。在创建课程时，教师需要将课程内容划分为不同的章，每个章代表一个概念或主题。他们需要为每个章添加相应的课程材料，如讲座视频、测验等，并设置每个章的上线和下线日期。

第三，设置课程的发布日期和状态。教师需要设定课程的发布日期和状态，以便合理安排课程进度和通知学生。他们可以一次性上传所有课程资源，也可以逐步上传，根据需要灵活调整。

第四，编辑课程材料。在上传课程材料后，教师可能需要对其进行编辑和修改。他们可以修改课程视频讲座、练习或编程作业等内容，但需要注意的是，修改后需要重新上传相应的材料。

此外，教师还需要注意一些其他事项。例如，他们需要确保课程材料的质量和准确性，以便学生能够正确理解和掌握课程内容。同时，教师还需要根据学生的学习特点和需求，合理安排课程内容和进度，并提供适当的指导和支持,以帮助学生更好地学习和发展。

（3）制作课程描述页

在准备好课程材料之后,教师可以按照以下步骤制作课程描述页。

第一,进入课程管理平台。教师需要登录到相应的课程管理平台,如 MOOC 平台等。

第二,添加课程材料。在课程管理平台上,教师可以添加已经准备好的课程材料,如课程视频、讲座、测验、编程作业等。

第三,填写课程描述页。在课程管理平台上,教师可以编辑课程的基本信息和详细信息,如课程名称、描述、教学目标、选修知识等,以便学生了解课程的相关信息。

第四,添加简历。教师可以添加自己的简历,包括教育背景、教学经验和相关成就等,以展示自己的专业能力和教学风格。

第五,添加其他教师和教学人员。在课程管理平台上,教师可以邀请其他教师和教学人员参与课程的教学工作。准许他们访问课程页面和相关材料,以便他们能够协助教学和管理。

第六,在会话网站添加课程材料。通过以上步骤,教师可以制作出高质量的线上课程描述页,以便学生更好地了解课程的相关信息,提高课程的注册量和参与度。同时,教师需要注意更新和维护课程材料和描述页,以确保其准确性和时效性。

（4）准备课程讲座视频的材料

在视频开播之前,教师需要提前准备材料。在开播之后,教师也需要根据实际情况对视频进行调整。这有助于及时调整和改进课程,以满足学生的学习需求和期望。同时,教师还应该合理安排时间来准备和制作课程材料,确保其质量和准确性。通过持续改进和优化课程内容和材料,教师可以提高教学质量,增强学生的学习体验。

（5）课程制作的时间安排

在课程开始前的两个月,教师需要录制、编辑和上传课程材料。以下是具体的操作步骤。

第一,编写课程材料。教师需要准备相应的课程材料,包括文字、图片、音频和视频等内容。

第二,录制讲座视频。教师需要录制讲座视频,确保视频内容清晰、准确、生动,并且能够有效地传达课程知识。

第三,编辑视频。在录制完讲座视频后,教师需要对视频进行编辑和处理,以确保视频的质量和准确性。

第四,上传视频到慕课平台。将编辑好的视频上传到慕课平台上,以便学生能够观看和学习。

第五,上传相关的课程资源。教师需要上传与课程相关的其他资源,如作业、阅读材料、参考书籍等。

第六,为录制的视频创建嵌入式测验。在每个视频中嵌入测验,以便学生能够自我检测学习进度和掌握程度。

在课程开始前的一个月,教师需要编制课程评价的内容并管理会话网站。以下是具体的操作步骤。

第一,编写由机器自动评分的作业。教师需要准备一些自动评分的作业,以便学生能够进行自我测试和练习。

第二,为课程评价设置评分规则和截止期。教师需要设定评分规则和作业提交的截止日期,以便学生能够了解如何获得课程成绩。

第三,编写并发送欢迎邮件或公告。教师需要发送欢迎邮件或公告给学生,介绍课程的内容、安排和要求。

在课程开始之前的两周,教师需要对课程上线前的所有工作进行最后的检查和收尾工作。

在以上步骤都完成的情况下就可以录制课程讲座视频。

3. 作业与测验

教师在设计 MOOC 教学时,可以利用在线平台的功能来有效地管理课程和评估学生的学习进度。

在 MOOC 中嵌入小测验可以帮助学生保持注意力并测试他们的理解程度。这些测验题目通常不会计入学生的学习成绩,因此难度不宜过高,也不应涉及太复杂的拓展、演算或计算题。这样可以帮助学生在学习过程中保持积极性和参与度,并了解自己的学习进展。

除了嵌入式测验外,MOOC 教师还可以提供作业和进行测验。一个完善的 MOOC 平台会提供完整的作业 / 测验功能,以便教师能够方便地布置作业、设置测验和收集学生的答案。

由于 MOOC 通常具有开放式在线教学的特点,每个班级的学生人数可能非常多,因此教师或助教不可能一一批改每个学生的作业和测验。为了实现有效的评估,最理想的方法是利用计算机自动批改或同伴互评。

计算机自动批改可以利用算法和人工智能技术来快速准确地评估学生的作业和测验答案。这种方法可以减轻教师的负担,并提高评估的效率。

同伴互评是一种学生之间互相评估作业和测验答案的方法。它可以帮助学生互相学习、提高批判性思维和评估能力,同时也可以减轻教师的负担。

在实施同伴互评时,教师需要为学生提供指导和培训,以确保评估的准确性和公正性。此外,教师还需要监控整个评估过程,并对学生的评估结果进行抽查和监督,以确保评估的质量和有效性。

4. 讨论区

教师需要精心设计讨论区,以引导学生进行讨论并促进学习论坛的产生。通过选修同一门课程的学习者聚集在一个统一的时间段内进入课程讨论论坛,他们可以提出自己的疑难问题,也可以为其他学习者答疑解惑。

当有学习者提出问题时,先让其他学习者共同参与讨论。通过集思广益,可以促进学习者之间互相学习和交流。经过讨论后,教师或助教可以提供正确答案,并对重点问题进行总结和解释。

三、翻转课堂

(一)翻转课堂的内涵

翻转课堂是指重新调整课堂内外的时间,将学习的决定权从教师转移给学生。在这种教学模式下,课堂内的宝贵时间,学生能够更专注于开展基于项目的学习,共同研究解决问题,从而获得更深层次的理解。教师不再占用课堂的时间来讲授信息,这些信息需要学生在课前自主完成,他们可以通过看视频讲座、听播客、阅读功能增强的电子书,以及在网络上与别的同学讨论来完成学习。教师能有更多的时间与每个人交流。在课后,学生自主规划学习内容、学习节奏、学习风格和呈现知识的方式,教师则采用讲授法和协作法来满足学生的需要并促成学生个性化学习。

（二）翻转课堂的模式

翻转课堂基本模式主要包含以下内容（图 6-3 ）。

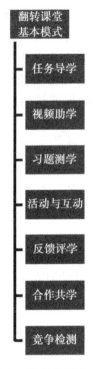

图 6-3　翻转课堂基本模式

1. 任务导学

教师根据教学目标，精心设计预习和复习的任务，以引导学生进行课外的自主学习。通过设定明确的目标和路径，教师可以帮助学生更好地理解课程内容，并为课堂上的互动和讨论做好准备。

2. 视频助学

教师根据教学大纲的要求，将知识点进行细致地划分，然后进行微课的设计和录制。这些视频的时长通常为 5 ~ 15 分钟，涵盖了三种不同的类型。

第一种类型是新知学习视频，主要用于学生在新课前进行预习。教师通过问题引导的方式,帮助学生了解即将学习的内容,并布置相关的预习任务,为课堂上的深入学习做好准备。

第二种类型是复习视频,主要用于学生在复习课前进行知识点的总结和梳理。通过回顾和总结之前学过的内容,学生可以巩固所学知识,并为课堂上的复习和讨论做好准备。

第三种类型是易错点学习视频,这类视频针对学生在课堂练习或考试中容易出错的难点进行解析。通过分析出错原因和纠正方法,帮助学生自主反思和提升,避免在以后的学习中再次出错。

3. 习题测学

教师定期发布在线习题,用以检测学生通过视频助学的学习效果。这些习题与学生的学习进度同步,以章节为单位,以便于学生进行及时的自我检测。每个章节结束时,再进行一次验收测试,以便于对比学生在不同阶段对知识的掌握程度。通过这种方式,学生可以及时了解自己的学习状况,发现并纠正理解上的偏差,同时也可以加深对知识的理解和记忆。

4. 活动与互动

根据不同的教学内容和学生能力发展的目标,教师可以设计各种不同形式的小组合作学习活动,以满足学生的需求和激发他们的学习兴趣。这些活动形式灵活多变,可以包括小组讨论、角色扮演、案例分析、团队项目等。通过小组合作学习,学生可以在互动中互相学习、互相帮助,提高团队协作和解决问题的能力。

5. 反馈评学

通过这种方式,翻转课堂实现了课外和课内教学的有机衔接和相互促进。教师可以更好地了解学生的学习需求和困难,及时调整教学策略和方法,提高教学效果;同时也可以帮助学生更好地掌握知识和技能,促进他们的全面发展。

6. 合作共学

首先,教师可以根据学生的特点和需求进行合理的分组,使得不同类型的学生能够相互搭配和互相补充。同时,在小组内进行明确的分工,让每个学生都能够承担一定的任务和责任,这样可以培养学生的责任感和团队合作意识。

其次,教师可以通过制定过程监控策略,及时掌握学生的学习情况和进度。通过及时给予指导和帮助,教师可以帮助学生克服困难,提高学习效果。

最后,教师可以通过组织小组内的交流和讨论活动,鼓励学生相互学习和分享经验,促进小组内的共学互助。同时,教师也可以根据学生的学习情况进行评价和反馈,及时表彰优秀的小组和个人,激励更多的学生积极参与小组合作学习和讨论。

7. 竞争检测

在翻转课堂中,学生通过观看课前教学视频和完成预习任务,自主掌握学习进度和节奏,将知识传授过程从课堂转移到了课前。课堂上则主要进行知识内化,包括小组讨论、互动交流、答疑解惑等,以深化学生对知识的理解和应用。

这种教学模式使得师生角色发生了显著变化。在翻转课堂中,学生成为学习的主体,积极参与预习、课堂讨论和互动等活动,对自己的学习负责。而教师的角色转变为学生学习的指导者。

此外,翻转课堂重新规划了课堂时间的安排,改变了传统教学模式中以教师讲授为主的策略。在翻转课堂中,课前预习和课堂讨论的时间比例可以根据实际情况灵活调整。课堂上不再是一味地讲解,而是更加注重学生的参与和互动,给予学生更多思考和实践的机会。

(三)外语翻转课堂的教学步骤

外语翻转课堂教学的教学步骤具体如下。

1. 课前准备阶段

(1)教师活动
①分析教学目标
在外语翻转课堂中,教学目标的明确非常重要。教师可以根据学生的实际情况和教学目标,结合教学内容和视频内容,制定具体的学习任务和作业,以帮助学生更好地理解和掌握学习内容。同时,教师还

可以根据学生的学习情况及时调整教学策略和方法,提高学生的学习效果。

②制作教学视频

第一,确定教学目标。在制作教学视频之前,需要明确每一节课或每个单元的教学目标,以确保视频内容与教学目标相符合。

第二,做好视频录制。录制教学视频时,需要注意以下几点。

内容要简洁明了:录制视频时要确保内容简洁明了,重点突出,避免冗长和无关的内容。

讲解要生动有趣:讲解时要注意语速适中,语言生动有趣,尽可能地吸引学生的注意力。

演示要清晰明了:演示操作时要清晰明了,注意细节,确保学生能够清楚地了解操作流程。

第三,做好视频编辑。在录制好视频后,需要进行剪辑和编辑,以确保视频的质量和效果。教师可以利用视频编辑软件进行剪辑和编辑,包括剪辑掉冗余的部分、加入字幕、调整音量等。

第四,做好视频发布。在完成视频制作后,需要将视频发布到学生可以访问的地方,以便学生观看。教师可以将视频上传到学校网站、班级群等地方,也可以将视频刻录成光盘或 U 盘发放给学生。

(2)学生活动

①观看教学视频

教师制作教学视频可以帮助学生更方便地进行学习。对于学习速度快的学生,他们可以快速地观看视频;而对于学习进度慢的学生,可以根据自己的实际情况暂停视频,以便更好地理解和掌握知识。

②做适量练习

学生观看完教学视频后,需要完成教师布置的针对性课堂练习,以便更好地调整教学策略和方法。这些练习可以是针对视频中所学知识的巩固和提高,也可以是引导学生从旧知识向新知识过渡的桥梁。通过完成练习,学生可以加深对视频内容的理解和掌握,同时也可以发现自己的不足之处,及时进行弥补和提高。

2.课中教学活动设计阶段

(1)确定问题,交流解疑

在开始阶段,教师需要针对学生观看的视频和通过网络交流平台反映出来的问题进行解答和引导,这有助于及时解决学生在学习过程中遇到的问题,帮助他们更好地理解和掌握知识。

学生通过观看教学视频,可以自主安排学习时间和地点,根据自己的学习节奏和方式进行学习,这样可以提高学生的学习积极性和自主性。

通过网络交流平台,学生可以与教师进行探讨和交流,这有助于促进他们的思维能力和合作学习能力的发展。学生可以提出自己的疑惑点,与他人进行讨论和交流,这样可以激发他们的学习兴趣和热情,同时也可以帮助他们更好地理解和掌握知识。此外,学生还可以通过交流平台与同学进行合作学习,共同解决问题,提高学习效果。

(2)独立探索,完成作业

独立学习的能力无疑是现代社会中至关重要的一项能力。具备这种能力的学生能够更好地适应不同的学习环境和任务要求,更加主动地掌控自己的学习进程,从而取得更好的学习效果。翻转课堂作为一种现代化的教学模式,其重要特点就是为学生提供了个性化的学习环境。在这样的环境中,学生能够根据自己的学习节奏、风格和兴趣进行学习,从而更好地培养和提升独立学习的能力。

在翻转课堂中,学生需要独立完成教师布置的作业和科学实验。这可以促使学生进行自主思考、自我管理、自我决策等,从而进一步促进他们的自主学习能力的发展。通过这种方式,学生不仅能够获取知识,更重要的是能够掌握学习的能力,这是他们终身学习和未来发展的重要基础。

在独立完成作业的过程中,学生需要审视自己理解知识的角度,建构知识的结构,完成知识的进一步学习。这不仅需要学生具备一定的自我认知和知识管理能力,还需要他们能够自主地规划学习路径、安排学习时间、整理学习笔记等。这些都是独立学习能力的核心要素,对于学生的自我发展和成长至关重要。

通过逐渐积累独立学习的经验,学生可以在独立学习中构建自己的知识体系。这是一个从被动学习到主动学习的转变,也是学生逐渐成为自我学习的主人的过程。这样的经验不仅有助于学生在学校的学习,也将对他们的一生发展产生深远影响。

(3)合作交流,深度内化

在翻转课堂中,学生通常被分成小组进行合作学习,这种小组形式有助于学生之间的交流和互动。通过独立探索阶段的学习,学生可以与同伴分享自己对知识的理解,这种合作学习方式可以实现交往学习,让学生在与他人的对话、交流、讨论等学习活动中开展学习过程。

这种合作学习方式有很多益处。首先,它可以促进学生的交往能力、合作能力和自我认知的发展。在小组合作中,学生需要学会与他人交流、讨论、协商和解决问题,这可以锻炼他们的沟通能力和合作技巧。同时,通过与他人的互动和交流,学生可以更好地认识自己,了解自己的优点和不足,从而促进自我认知的发展。

其次,这种合作学习方式也可以帮助学生更好地理解和掌握知识。在小组讨论中,学生可以就自己不懂的问题向同伴请教,同时也可以帮助其他同学解决问题。这种互相帮助、互相学习的过程可以加深学生对知识的理解和记忆,提高学习效果。

此外,小组合作还可以培养学生的创新思维和批判性思维。在小组讨论中,学生需要就问题进行深入的思考和分析,提出自己的观点和见解,同时也要对他人的观点进行评判和批判。这种思维过程可以帮助学生发展自己的创新思维和批判性思维,提高解决问题的能力。

(4)成果展示,分享交流

在外语翻转课堂的教学模式下,学生在经过独立探索和合作交流后,通常会完成个人或小组的成果。这些成果可以以多种形式进行展示和交流,如报告会、展示会、辩论赛或小型比赛等。在这些活动中,学生可以分享自己的学习心得和体会,通过交流彼此的智慧火花得以碰撞,从而促进更深层次的学习和理解。

在交流中,学生可以学习到其他学生或小组的优点和长处,明确自己的优势与不足。这种互相学习和借鉴的过程可以帮助学生更好地认识自己,发现自己的潜能,同时也可以促进他们的自我反思和自我管理能力的发展。

此外,通过展示自己的成果和听取他人的展示,学生可以锻炼自己的表达和沟通能力。他们需要清晰地阐述自己的观点和想法,同时也要学会倾听他人的观点和意见。

第七章

学习共同体理论视阈下
ESP 教师的专业素养与外语教学发展

　　基于学习共同体理念，ESP 教师应注重提升自身的专业教学素养，从而培养全方位发展的学生。本章首先分析 ESP 教学与 ESP 教师素养，进而探讨学习共同体理论视阈下 ESP 教师的专业素养提升，最后研究学习共同体理论视阈下外语 ESP 教学的创新路径。

第一节　ESP 教学与 ESP 教师素养研究

一、ESP 教学概述

ESP 起源于 20 世纪 60 年代,是建立在外语知识与专业需求基础上的应用型学科。在我国,当前很多院校兴起了大学外语 ESP 教学,因为其应用性极强,因此受到了各大高校的重视。

(一)ESP 的定义

ESP 全称为"专门用途外语(English for Specific Purposes)",它是指为适应某一特定专业而使用的外语语言及教学。ESP 兴起于 20 世纪 60 年代,它以功能主义语言观为基础。在 20 世纪 60 年代以后,西方陆续出现了关于 ESP 理论的相关著作。

韩礼德(1963)对 ESP 的定义为: "English for civil servants; for policeman; for official of the law; for dispensers and nurses; for specialists in agriculture; for engineers and fitters."

哈钦森和沃特斯(1987)进一步丰富了 ESP 理论,将其划分为以学习学科知识为主要目的的学术外语(EAP)和以职业需求为主要目的的职业外语(EOP)。

斯蒂文斯(Strevens,1988)在此基础上进一步明确了 ESP 理论的四个主要特征:(1)课程设置必须满足学生的特定需求;(2)学习内容必须与特定学科专业和职业相关;(3)词汇、句法和语篇与特定专业、职业的语言运用相符合;(4)与普通外语完全不同。

20 世纪 70 年代,ESP 在我国逐渐受到关注,杨惠中(1978)将科技外语与普通外语进行区分,提出了专门用途外语的概念。

张义斌(1985)将 ESP 理论与 EST 做出了对比,进一步明确了 ESP 理论运用的环境与条件。20 世纪 90 年代后,随着经济的对外开放与国际交流的需要,对于复合型人才的需求越发明显,ESP 教学法成为外语教学中的热点话题。然而,受制于我国特殊外语教材及教学资料的缺乏,以及特殊外语教育教学人才的短缺,将 ESP 理论应用于大学外语教学实践任重而道远。

(二)ESP 教学基本原理

ESP 教学法旨在以学生的专业、职业、兴趣为导向,进行特定学科的外语教学。根据克拉申"情感过滤假说",语言的学习受情感因素的影响较大。学生通常对于自己所选择的专业、职业具有较大的兴趣与较为深入的理解,在进行与本专业相关的二语学习时,对于语料、语境与教学素材均较为熟悉,能在一定程度上避免情感冲突。ESP 教学法能够更好地将学生的专业学习与社会求职需求相联系,帮助学生在夯实专业基础的同时,具备本专业双语交际能力,克服 EGP（English for general purpose,通用外语教学）所带来的"哑巴"外语现象。ESP 教学法主要实施阶段为大学阶段,本阶段学生经历过多年 EGP 教学,外语听说读写及语法基本素养已经养成,在此阶段的学生,通过 ESP 教学法,有针对性地进行与本专业相关的词汇、对话训练,并阅读大量与本专业相关的学术材料,语言综合能力将会得到提高,学生也能更好地适应就业市场,满足市场对复合型人才的要求。

二、外语 ESP 教师教学素养的表现

(一)课前的预习及准备阶段

课前,教师需提前制定教学目标和教学内容,明确教学的重点和难点。根据 ESP 和翻转课堂的特点,教师在制订教学计划时应将基础知识制定在课前的学习阶段,而专业知识的运用则在课堂讨论阶段中体现。

1. 制作教学课前视频

教师应根据教学单元的要求,采用微课及微视频等形式,制做小视频,丰富教学内容。教学视频的内容应包括专业知识背景、专业外语词汇、语法知识、案例分析等。为了促进学生的自主学习,教师在制作视频时还应设计提问等环节,让学生尝试、比较、反思,加深理解。学生课前完成基础知识的自主学习。学生可根据自己对知识的掌握程度,自行控制视频的播放进度,实现个性化的课前自学。在完成课前学习后,学生在课堂上会带着问题去思考,这样学生的求知欲望会提高,能够积极地回答问题,可以与教师形成互动,从而大大提高课堂效率。

2. 课前沟通讨论

课前学习内容和要求是通过 QQ 群、微信、腾讯会议或是钉钉等方式发布的。发布后,教师还可以在开课前一天及时掌握学生的信息,同时针对某些问题进行初步的交流。

(二)课中的教学及互动阶段

1. 检查学生课前预习效果

教师应在开课前通过提问或是小测验的方式对学生预习效果进行检查。一方面通过这种问答的方式让教师掌握学生的学习程度,另一方面可以督促学生完成课前的学习工作。教师讲解课程的重点和难点。在通过提问的方式了解学生的原有知识状况和技巧后,对学生采取"导""联"的教学方法,用富有启发性的教学方式和教学语言多角度地启发学生,使之发生多方联想而有所感悟。此时,教师要根据教学难点的多样性,思维方式的多向性,采取多变的引导方法,以便加深学生对相关知识点的理解。同时,教师还需要考虑应用及专业知识的拓展,结合专业知识进行讲授。

2. 课堂讨论以便学生相互学习

对于教材内容中的难点、重点、容易出错的地方,让学生探究并进行分组讨论。学生可以在"辩论"中增强自信,拓展教材内容。讨论结束后,上交书面讨论结果或是公开发表意见,这样不仅是对已有知识的再现,又是对新知识的创新,以达到将学习的内容应用到实践的目的。

此外,教师要根据每组的共性问题进行解答,再巡回解答各小组的特定问题。在课堂接近尾声阶段,教师要及时了解学生对知识点的掌握程度,以便改变学生的培养模式和优化课程体系。

(三)考核和评估

根据课程进度,对学生每章节进行考核,提高学生学习 ESP 词汇的效率,从而培养外语学科的创新人才。

第二节　学习共同体理论视阈下 ESP
教师的专业素养提升

在外语课堂教学中,建构学习共同体对形成一种合作探究的新型教学模式是有利的,可以构建出一种平等、民主的新型师生关系。与此同时,还可以对学生的高阶思维进行培养,推动学生进行更有意义的学习。从学习共同体的内涵来看,学习共同体的内涵和价值应得到承认。教师和学生作为学习的两大主体,需要对学习共同体形成一个理性认知和价值定位,从而不断增强主体建构学习共同体的意识与能力。

一、提升教师对学习共同体的理性认知

佐藤学教授认为,教师应成为课堂的"learning professor"而非"teaching professor"。[①] 外语课堂教学中,学习共同体的构建必须在理念上达成一致,如此课堂教学模式才可以真正运用到实际的教学活动中去。在小组中,教师发挥着指导和桥梁的作用,教师在这种教学模式下的首要任务是抛弃自己的旧观念,与此同时,建立"学习共同体"的新型教学理念。在目前学校的课堂之中,想要建立一个学习共同体离不开教师群体的共同力量,外语教师需要意识到教师是一个引导者,同时也是一个辅助者。当前,许多的外语教师都是在传统的教室环境之中长大

---

① 佐藤学 . 教师的挑战 [M]. 钟启泉,译 . 上海:华东师范大学出版社,2003.

的,他们的工作模式仍然保持着传统教学课堂之中那种不与外界环境产生互动,不和其他人交流沟通的模式,这种故步自封的做法,所导致的问题就是不同个体之间交流阻塞,并且出现交流断层的现象。这不仅阻碍了教师教学水平的提高,同时也降低了课堂教学的效率,因此必须进一步加强当前学校教师对于学习共同体理念的认识,了解这种新型教学模式所带来的优点,重视外语学科共同文化教育。外语教师不应该在教学理念的问题上停滞不前,需要紧跟时代,不断学习新的课堂模式和教学理念,从而不断提高专业素养。在教学中,教师不仅要注重教学效果,还要注重学生个人获得知识的过程。让所有在课堂之上的学生个体都参与到这个过程,让学生不仅在课堂之中学到新的知识,更在这个学习的过程之中慢慢建立每个人独特的知识体系。与此同时,外语教师也需要重新认识自己在课堂之中的职责所在,耐心地与学生们交流沟通,听取他们的意见,了解并尊重他们。

从实践的角度来看,学习共同体的目的不仅是为了促进学生的学业成绩,也是为了培养学生的合作精神和技能,以及连贯、积极和乐观的生活态度。因此,以小组为主要单位的外语学习共同体是当前外语教学改革的一个重要方向。理论是现实的基石,只有当教师对学习共同体的性质和价值有了深刻的理解,才能在教学和教学实践中有效地实施。这些理念只有在融入日常教学中才能发挥最大的作用。人类学习共同体的发展与合作的因素密不可分,而合作是学生必须掌握的技能。学生正处于世界观、人生观和价值观形成的早期阶段,这是培养合作和积极性的重要时期。教师要注意培养学生的合作精神和态度,不应把合作学习仅仅看成一种教学方法,仅仅围于形式上的合作,而是要站在学习群体的情感因素的基础上,真正理解合作学习的深刻价值。因此,如何使外语教学更加有效是所有外语教师面临的挑战。学习共同体在外语教学中的重要性不言而喻,它不仅是塑造教师经验和理性认识的基础,也是教师专业发展的来源。教师的教学智慧只有建立在对学习共同体的良好认识上,才能在实践中得到发展和提高。

二、积极探索合作方式以促进共同体有效运行

以学习型组织理论为依据,学习者个体要对个人愿景进行深入的修炼,为实现个人愿景而不断地付出努力。与此同时,要正确地处理好个

人与组织之间的关系,在组织中构建一个共同的愿景,构建一个学习共同体,构建一个现代化的组织学习单元,通过交流和互相学习,激发集体智慧,从而达到动态平衡。[①]

（一）确立共同愿景以增强学习共同体凝聚力

学习共同体理论和学习型组织理论都强调,共同愿景是所有学习行动者共同努力的指南针和方向,创造共同愿景的过程也是学生与社会融合的过程。学习共同体的改革不是方式与形式,而是"愿景与哲学"。[②]共同愿景是学习型组织至关重要的方面,对学习共同体的构建至关重要,是所有共同体成员一同决定的结果。共同愿景指向共同体所期望的结果或对象,指引着共同体内部成员进一步的发展方向与规划过程。它是成员的动力,也是所有实际活动围绕的主要推动力。正确的愿景可以有效调动学生的主动性和积极性,增强团队成员的凝聚力。教师需要确保学生对学习任务有一个清晰的认识,并对课堂有一个共同的愿景。

第一,为了使学生拥有一个共同的视野,首先要确立学生的个人愿景。为了确保每个人都能有一个共同的目标,这就要求我们抛弃传统的"自上而下"的"任务",确保所有人的共同目标都是由学生自己产生的,而不是教师强加给学生的。在实现这一点上,教师是一个关键的引导者。外语教师在日常教学活动中可以通过倡导学生展开想象力,打开思维和格局,让学生想象自己内心想要实现的是什么,而不是一味盲目地跟随他人的意见。在个人愿景的确立上首先要保障每位学生的共同愿景都进行过自己的加工与思考,从而才能为后续共同愿景的确立奠定坚实的基础。只有当学生树立好了自己的个人愿景,才能坚定地立足于自身的个人愿景上建立起团体的共同愿景。例如,在实际外语课堂中,外语教师可以鼓励学生设立一个小目标,目标可以再根据阶段性计划细分为一日目标、一周目标、一月目标,给自己设定一个外语学习的阈值,搭建一个"向上的梯子",以便更好地提升自己主动学习外语的意识与能力,加强外语学习的主动性,让共同愿景在学生的学习中发挥引领和

---

① 彼得·圣吉.第五项修炼—学习型组织的艺术与实践[M].张成林,译.北京:中信出版社,2018:7-12.
② 佐藤学.学校见闻录——学习共同体的实践[M].钟启泉,译.上海:华东师范大学出版社,2014.

目标导向作用。此外,教师还可以鼓励生生之间主动分享自己对于外语学习的计划和目标,形成合作共享意识和相互监督机制,增强集体凝聚力,加强和同伴之间的情感联结,从而使整个课堂呈现积极向上的外语学习氛围。例如,教师可以在班级固定一天邀请不同的同学轮流分享自己近期的外语学习计划,这样不仅有利于树立个人愿景,同时也能形成一种积极向上的外语学习氛围。第二,立足于个人愿景形成共同愿景,发挥共同愿景的目标导向作用。形成共同愿景,要求教师摒弃传统的教师观,发自内心地去了解每位学生的学习需要。教学的重点不在于教师滔滔不绝地进行讲授,教师要学会倾听学生的想法,并且鼓励和赞扬学生,让学生主动参与课堂。外语教师可以采用互动和对话的方式让学生在真实的实践活动中学习,加强外语学科知识在真实环境中的应用,有效培养学生的自主学习和探究能力,并引导学生独立解决问题,产生有效的学习,真正做到相互激励、相互补充、相互学习,最终提高外语课堂的教学质量。第三,教师在该过程中,需要注意"共同愿景"并不只是一个知识的解答,也不只是一道外语难题的解答,而是要给学生们一个长期的目标,并把"共同的愿景"转化为支撑学生们的学习,使他们认识到"学习"的重要意义。了解"学"的真谛,从"外语"的角度去感受外语的生活,发现"学"外语的快乐,让共同体内的成员能够获得课堂的参与感,使学生在"学"的过程中不断提高自己的能力,从而给他们的学习带来源源不断的动力。

(二)构建教师合作文化以促进教师合作交流

合作可以发挥教师整体的优势,促进整体的发展,而整体的发展又能影响其中的每位教师。另外,学习共同体的每个成员都可以在共同体的发展中发挥作用,即使他们在某个领域被边缘化,学习共同体的每个成员都依旧可以扮演"新来者"的角色。通过小组成员之间的思想交流和合作,新成员可以获得足够的经验和知识,成为"新人",新成员可以迅速成长,并逐渐从边缘走向中心,整个发展过程是通过成员之间的沟通和合作来得以充分实现的。

在互联网时代,一个人单打独斗的教学模式很难融入这个时代的发展潮流。我们必须重视学习之中的沟通交流和合作,充分挖掘学习集体的力量才可以在这个时代不被淘汰,从而达到最高的效率。外语教师需要有足够的发散能力,从多个层次、不同角度去设计外语教学课堂,从而更好地去培养学生的创新意识。其中,教师与教师之间的交流沟通也是十分关键的因素。在真实教育情境中,教师需要积极参加学校开展的各种教研活动,和其他教师多多沟通交流,吸取其他教师优秀的教学经验和理念。此外,教师要进行教学反思。在学习共同体中,教师的反思活动主要集中在两个方面,一是教师通过与其他教师交流教学经验而产生的反思,二是教师通过日常的教学活动,自己对自己进行的反思。通过以上两点,教师总结其中分别做得好的地方和做得不恰当之处,并不断在教学实践之中进行反思,进一步提高自己的教学能力。通过对教学课堂中出现的问题进行反思,和其他教师共同讨论解决办法,进而在后续的教学课堂之中进行改正与调整,这样的反思过程就是一个螺旋向上的过程,教师团队的知识技能也会更加地趋于成熟,从而不仅更好地培养学生的学习能力,还同时实现教师个人的成长与发展。

三、创设民主课堂环境以达成共同体自我生成

(一)积极打造倾听对话的物理课堂环境

佐藤学提出的关于学习的最基本要素是:以温柔的声音和身体的交流作为基础,以互相倾听和相互交流作为基础[1],上述要素的具体做法是在课堂之上所有的学习小组活动都由男女四人组成学习小组并一同展开学习交流。在课堂之上的外部环境包括教学设施、教室布局等静态因子,在课堂环境的建设过程中需要考虑外语课堂教学活动进行的有效性,同时将各种静态因子相互整合以达到最好的效果。为了达到更好的教学效果,则需要将传统课堂教学模式之中的灌输式学习转变为更加先进的对话式学习。同时,静态因子之一的教室布局也可以变为会话式的布局。在很长一段时间的教学之中,教师在课堂之中的活动范围局限在讲台周围的有限空间之中,缺少和学生的互动交流,传统的教室教学环境的布置,可以在相同的空间之中容纳更多的学生,却不利于学生更

---

[1]　佐藤学.学校的挑战:创建学习共同体[M].钟启泉,译.上海:华东师范大学出版社,2010.

好地融入课堂之中,也不利于提高教学的质量,因此,这种方式注定会被时代所渐渐淘汰。在学习共同体的教学模式之下,教室中的座位布局有着更多的选择,课堂教学中的学习共同体应该从灌输式学习向对话式学习转变,学生的座位布局也应该由秧田式转向会话式。

在实际外语课堂教学活动中,U 型布局或是自由组合等许多不同的组合类型都可以进行一定的尝试。U 型的教室座位布局模式十分适合刚刚进入学校的学生,教师在这种环境之下可以更好地和学生交流,并迅速建立互相信任的师生关系。教室座位的布局优化可以很大程度改善并影响学生在课堂之上的学习主动性,促使其更加积极地融入课堂之中。所以,教室布局的优化是十分必要的,科学地改变教室座位的布局可以构建学生和教师之间互相倾听、互相探讨、互相合作的和谐物理课堂环境。

(二)重视营造和谐润泽的心理教学环境

学习共同体的构建需要教师为学生提供一个比较舒适的环境。当前课堂教学环境的优化不仅仅只局限在物理环境的优化之中,也在于尝试去营造一个和谐活跃的心理教学环境。心理环境即"由人的精神感知、由人的精神理解、由人的精神创造、由人的精神实现的环境。"[①] 由此可见,只有当学生们感觉到自己身处在一个舒适、安心的心理学习环境之中,学生个体才可以全身心地投入学习生活,并且在课堂之上大胆地表达自己的观点和想法。

具体来说,外语教师可以从以下几点做起。首先,外语教师在课堂教学内容开始之前,可以对自己上课使用的语音音调进行调整,转至柔和的状态,表达应言简意赅,并且不断优化自己的外语口语发音,以此来让学生沉浸在自己营造的教学环境之中,这样教师在进行课堂教学时学生便能全身心投入外语语言环境。其次,外语教师在准备课堂教学方案的时候需将如何在课堂之上引导学生加入合作学习考虑在内。例如,外语教师可以根据每节课的学习内容,选择一个"轻松和谐"的话题,并用多种多样的形式引导学生去表达自己的观点,把学习的自主权交给学

① 葛鲁嘉.心理环境论说——关于心理学对象环境的重新理解 [J].陕西师范大学学报(哲学社会科学版),2006(1):103-108.

生,教师只是提供学习任务单和线路图,做好倾听、串联和反刍。课堂的主旋律是学生的学习活动,包括独立思考、认真倾听、同伴交流、公共发言、自我修正等环节。这样的学习过程需要宽松自主的氛围,外语教师需要下功夫做好这项基础性工作。在这个过程之中,外语教师也需要保持耐心去倾听学生的内心想法,让学生感受到被尊重,和学生一起共同创建和谐润泽的心理课堂教学环境。最后,要重视学生的心理健康教育,让学生感受到正能量,从而促进自我成长。外语教师要把每个学生都看作是平等的人,真正平等地关爱每一个学生。学生正处于心理动荡不安的时期,面临着来自社会,甚至是来自家庭的变动,尤其是部分学生在这一阶段较为脆弱和叛逆,容易被外界看作"后进生"或是被冠以"差等生"之名,再加上外语学习相比其他学科上手起步较难,容易使学生产生畏难情绪。作为外语教师要对这部分学生进行特别关照,用爱去感化每一位学生,帮助学生逐渐克服心理障碍和焦虑感,进而遏制负面情绪,从而使得所有学生都能跟上共同体成员的脚步,实现真正意义上的共同发展,从而营造和谐润泽的心理教学环境。

(三)关注形成包容支持的语言文化环境

学习不仅仅是在传统的课堂环境中发生的活动,而且是在多元的文化环境之下发生的活动。[①] 在生态语言文化背景下,外语教学活动得以产生,教学环境中的各类生态因子都会对其产生影响。[②] 在建构外语课堂学习共同体时,我们同时还需关注并形成包容支持的语言文化环境,营造一种宽松、和谐的学习气氛,让每个人都能参与到学习之中去。

21 世纪的学习者与以往相比有很大的变化,在外语教学中,应把知识传授给学生的同时让学生进一步了解国际文化背景,创设多样的交际情境,拓宽学生的学习空间与学习视野。[③]

首先,教师可以创新教育教学方式,采用多媒体等多种方法来呈现外语课堂教学内容。著名语言学家克鲁姆(H. J. Krumm)认为,成功的

① 郭元祥.论学习观的变革:学习的边界、境界与层次[J].教育研究与实验,2018(1):1-11.
② 熊俊杰.外语生态课堂教学环境的优化研究[J].教学与管理,2017(9):110-112.
③ 邓莉,彭正梅.通向 21 世纪技能的学习环境设计——美国《21 世纪学习环境路线图》述评[J].开放教育研究,2016(5):11-21.

外语课堂教学应为课堂创造更多的情境,让学生有机会运用已学到的语言材料。[①] 图片形式具有直观性的特点,能迅速吸引学生的注意力从而实现更好的外语语言学习,同时教师还可以准备好相关视频片段资料,为学生提供丰富的学习材料,形成一定的语言环境,真正实现将教学内容和学生的生活实际相结合,锻炼学生的语言交际能力,打开他们的成长通道。例如,"一师一优课,一课一名师"国家教育资源公共服务平台中广州张教师在给学生上"友谊"这一单元课时,通过使用多媒体技术播放了一首歌曲,引出了"交友观"这个主题。随后教师问道:Well, all of you have good friends, you are so lucky. So, share something about your good friends. 由此可见,该教师以一个学生都很熟悉的主题,为学生创设了一个与他们的实际生活相吻合的情景,帮助学生更轻松地进入小组的讨论过程,激发他们的思维,增强学生学习外语的积极性。接着,自然地抛出话题:Here comes to a question: should friends be the same or different? What's your opinion ? 逐步引导学生在共同体内分享自己的交友观,同时聆听他人的交友观,促进学生对交友观这一主题进行深度思考,激发学生的深度学习内驱力。

其次,外语教师还可以通过开展丰富多彩的线上线下学习共同体活动来形成包容支持的语言文化环境,例如,举办外语情景剧表演、外语绘本表演或故事大赛、外语实践课堂等,让学生不断在真实语言学习环境中锻炼其语言语用能力,打破其"语言壁垒"。学生在真正说外语、使用外语的过程中可以不断增强自信心,同时学会在与他人的交流与合作中进行探究式学习,迸发出思维的灵感与火花,从而培养生生合作学习意识,为共同体的有效运行提供有力保障,为学生的终身学习奠定基础。

---

① 高慧.运用情景教学法,提高学生的外语听说能力 [J].教育探索,2008(6):68-69.

第三节 学习共同体理论视阈下外语 ESP 教学的创新路径

一、任务教学法及其在外语 ESP 教学中的应用

（一）任务教学法的定义

目前学界对语言教学中"任务"的定义存在不同的见解。

较早阐述"任务"定义的是 Richard（1985）。他将任务定义为一个特殊的行动或事件，用以处理和理解语言，比如短跑运动员听到枪声开始起跑、钢琴家听着音乐谱出悦耳的音符、教师根据教材写出教案等。以此为基础，他将教学中的任务定义为一种旨在提高学生习得目的语水平的特殊活动。Krahnke（1987）对任务的定义比较特殊，他认为以培养学生交际能力为目标且接近现实生活中的交际活动的任务才是真正的任务。Willis（1996）[①] 认为任务的实施过程分为任务前、任务中和任务后三个阶段，并提出三个阶段的任务侧重点是有所不同的。Ellis（2003）[②] 认为设置任务应从帮助学生完成交际目的的角度出发，语言的意义功能是任务的重点，而非形式。Nunan（1989）[③] 将任务分为两类，即真实世界任务和教学任务。他认为在现实生活中发生频率高的任务是学生应该掌握的主要任务，单纯为了教学设置的任务在一定程度上虽然也能帮助学生快速习得目的语，但设置的任务也应尽量接近现实

---

① Willis, J. A Framework for Task-Based Learning[M].London: Longman, 1996.
② Ellis, R.Task-based language learning and teaching[M]. Oxford: Oxford University Press, 2003.
③ Nunan, D.The learner-centered curriculum: A Study in Second Language Teaching[M].Shanghai Foreign Language Education Press, 2005.

生活。

上述观点对语言教学中"任务"的界定侧重点有所不同,但对其在语言教学中的重要地位和作用的认同已达成共识。综上所述,在对外汉语教学中,"任务"是教师在课堂上设置的,旨在提高学生言语交际能力的活动。同时大部分学者强调在"任务"的实施过程中,遵循"以学生为主体"的原则,强调"学生本位"的理念,赋予学生更多的自由和发言权,最大程度发挥"任务"的功能和优势,使学生在"边做边学"的过程中掌握语言知识,提升其语言理解和表达能力。

(二)任务型教学法的教学原则

1. 真实性原则

真实性主要是指语言教学中的任务活动应力求与现实生活相契合,设计任务时应尽量创设贴近现实生活的真实情境。教师从学生的汉语水平和需求出发,结合实际教学环境设计出接近现实生活中的交际活动的任务,让学生在完成任务的过程中掌握语言知识,促使其尽可能多地接触生活中真实的语言,在筛选任务素材时,教师要重视与学生学习和生活密切相关的语言材料,如此以真实性为前提的教学才能够清晰地区分语言的形态与功能,使学生在完成课堂任务的同时充分体会语言形式与功能之间的联系,进而提升学生综合运用语言的能力。

2. 连贯性原则

连贯性主要是指语言教学中的各项任务之间要呈现从易到难的阶梯状上升趋势。教师在布置任务时要遵循由浅入深、由易到难的原则,前几个任务的难度不能太高,以帮助学生树立自信心,从而使其能够保持较高的积极性投入后续的学习中,教师在布置之后几项任务时应逐渐增加任务的难度,并且任务之间逻辑关系要明确,任务的步骤与环节要连贯、流畅,同时还要注重教学内容间的衔接。任务型教学的连贯性主要体现为任务的连贯,各个任务之间是环环相扣、层层推进的关系,前一个任务是为后一个任务作铺垫的。任务的连贯性还表现为师生互动,在学生执行任务的过程中,教师担任引导者和监督者的角色,当学生遇到困难时,教师应积极帮助学生解决问题,从而保证任务完成的连贯性。任务型教学法倡导的连贯性原则,强调了教师在设置教学活动时,必须根据学生已有的水平来设定,否则就不利于任务的实施以及学生对新知识的掌握。

3. 交际性原则

任务型教学法注重培养学生的语言交际能力,主张学生在完成课堂任务的过程中,通过互动、交流、小组合作的方式逐渐习得目的语,提高目的语的输入和输出频率,从而帮助学生获得语言知识,提升学生的语言理解和语言交际能力。因此,教师应注意任务的设置要为培养学生的语言交际能力服务,任务的难度要与学生实际的语言水平相适应,任务难度过高,则会降低学生主动说外语的兴趣,不利于提升学生运用外语进行交际的能力;教师应多设置一些交际性任务和小组活动,如情景对话、角色扮演、辩论赛等,增强学生的课堂参与意识,促进师生、生生间的交流与互动,使学生在完成任务的过程中逐渐学会用外语表达自己的诉求,从而不断提高其语言交际能力;此外,在学生展示任务成果时,教师应遵循"意义优先"原则,给学生纠错时要适"度",以免打击学生学习外语的积极性和自信心。

(三)外语 ESP 任务教学法的策略

目前学界对于翻转课堂模式下的大学外语任务型教学法的实施步骤认可度最高的是威利斯(Willis)(1996)在其著作《A Framework of Task-Based Learning》中提出的三阶段模式,分别为任务前、任务中和任务后阶段。

1. 任务前阶段

任务前阶段是翻转课堂模式下的大学外语任务型课堂教学实施步骤的第一个环节,也是大学外语任务开展前的准备阶段。这一阶段教师可以从教学和情感两个维度引导学生完成任务执行前的准备工作。在翻转课堂模式下的大学外语教学方面,教师明确任务的主要内容,向学生介绍任务的大致流程和任务执行时需要注意的相关事项,激活学生头脑中的语言储备。在介绍任务要求时,教师可以通过播放视频、展示实物、多媒体展示图片等方式进行导入,通过这些方式进行导入有助于快速集中学生的注意力,使学生全身心地投入外语学习;在情感方面,教师在上课前应充分备课,明确教学目标和教学重难点,并思考新知与学过的知识是否有联系。此外,备课的同时也要备学生,了解每一个学生的外语水平和学习需求,最大程度激发学生学习外语的积极性,使学生能够积极地参与任务活动,减少部分学生抵触上课的情绪,如上课伊始,教师可以向学生进行简单的问候,或者播放舒缓的音乐和有趣的视频,减轻学生学习外语紧张焦虑的心理,为学生创造一个轻松愉快的学习氛围,让学生能够全身心地参与教学活动。在整个教学活动中,任务前阶段是翻转课堂模式下的大学外语任务型教学课堂的基础部分,这关系着后续任务是否能够顺利开展。

2. 任务中阶段

任务中阶段是翻转课堂模式下的大学外语教学中学生执行任务的过程。在这一阶段,学生是课堂的中心,是任务执行的主体,教师主要起到引导和监督的作用,最大程度保证学生的主体地位。学生完成任务有很多途径,例如通过小组合作,情景对话、探讨交流等方式完成任务。在学生执行任务的过程中,教师使用大量鼓励性的语言,并引导学生运用外语来完成任务,但不可过多干涉。由于学生水平有限,因此在任务执行过程中,应允许学生通过查字典、使用翻译软件解决疑难问题,针对学生解决不了的问题教师应及时做出解释、提供帮助。这样既保护了学生表达的兴趣,同时也能加强教师与学生之间的互动。此外教师还要掌控好任务的时间,鼓励学生尽量自主完成任务。

3. 任务后阶段

任务后阶段是翻转课堂模式下的大学外语任务型教学法的最后一个环节,也是学生任务完成情况的总结反馈阶段。在这个阶段,首先,学生已经完成小组任务,教师可采用提问和小组汇报的方式来检验学生掌握知识的情况,从而把握学生完成任务的程度;其次,教师要结合学生实际,启发学生解决问题,归纳出学生错误率较高的方面并进行提示和纠正。然后,带领学生梳理本节课的知识内容、复习回顾教学重难点,进一步帮助学生巩固所学知识;最后,教师指导学生进行语言形式的操练,从而培养学生将语言知识和语言形式转化为语言交际的能力。

任务型教学法的实施步骤包括任务前、任务中和任务后三个阶段。

在翻转课堂模式下的大学外语任务型课堂上,教师要把握好这三个环节,在实施过程中应注意三个阶段的前后贯通,层层递进,帮助学生掌握语言知识和语言技能,加强学生学习汉语的兴趣,提升他们综合运用语言的能力。

二、成果导向教育(OBE)及其在外语 ESP 教学中的应用

(一)OBE 理念的内涵

OBE 理念的全称是 Outcome-Based Education,这一理念是由美国社会学家威廉·斯派蒂(William G. Spady)于 1981 年提出的。1994年他在他的著作《基于产出的教育:争议与答案》(Outcome-Based Education: Critical Issues and Answers)中对 OBE 理念的内涵进行了定义:"清晰地聚焦和组织教育系统,使之围绕确保学生在未来生活中获得实质性成功经验"。[1]澳大利亚教育部门也对 OBE 理念的内涵作出了解释,即"实现学生特定学习产出的一种教育过程,教育结构和课程是教育过程的手段而非目的,如果该过程不能培养学生的能力则需要被重建"。通过以上定义可知,OBE 理念重点关注的是学生的学习成果,所有的教学活动都要以学生为中心,以学生的学习成果而展开,即"成果导向、学生中心、持续改进"。因此,在开设教学活动前我们首先要清楚学生在结束学习之后有哪些学习成果,以怎样的手段和方法来实现学习成果,用何种方式评价学生所获得的学生成果,在此基础上来安排合适的教学活动,以保证顺利实现预期的学习成果。

李志义等(2014)归纳了 OBE 的实施框架:一个核心目标、两个重要条件、三个关键前提、四个实施原则、五个实施要点(见图7-1)。[2]

① Spady, W. G. Outcome-Based Education: Critical Issues And Answers[J]. Arlington, VA: American Association of school Administrators, 1994(21):1-10.
② 李志义,朱泓,刘志军,夏远景.用成果导向教育理念引导高等工程教育教学改革[J].高等工程教育研究,2014(02):29-34+70.

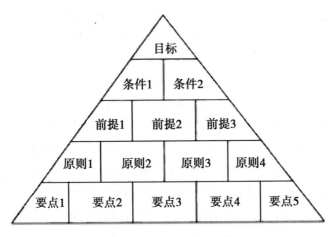

图 7-1　OBE 三角形实施框架

核心目标：每个学生都要达成最终的顶峰成果。

1. 重要条件

（1）描绘成果蓝图，明确学生应达到的能力，使学习成果清晰化。

（2）创设成功环境，为学生提供合适的条件和机会以达到预期目标。

2. 关键前提

（1）通过学习每个学生都可以获得成功，但是所需的时间不同、采用的方法不同。

（2）"成功是成功之母"，即一次学习的成功会促进下一次成功的学习，层层递进，最终达到顶峰。

（3）学校掌握着学生成功的条件，因此学校应提供更多的学习机会和学习资源给学生，以帮助他们达成最终成果。

3. 实施原则

清楚聚焦、扩大机会、提高期待以及反向设计是在真正落实 OBE 理念过程中应遵循的四项基本原则。这四项基本原则的提出是建立在两个前提基础之上的：

（1）教育对人才培养提出的基本要求具有可判断性。

（2）每个学生的发展存在无限可能性。

考虑以上两点,斯派蒂(Spady)构建了实施 OBE 理念的基本原则。第一,清楚聚焦是实施 OBE 理念最基础且最关键的一条原则,它要求教师和课程计划者清楚地聚焦于他们期待学生最终获得的学习成果,并以此来开展教学设计和教学活动;不仅如此,它也对学生提出了要求,学生也要把学习目标明确地聚焦于学习成果上面。第二,扩大机会这一原则是指学生个体之间具有差异性,他们可能不能用同样的方式和同样的时间取得相同的成果,但是 OBE 理念相信"人人皆能成功",因此学校和教师应尊重学生个体之间的这种差异性,提供指导、灵活安排教学时间和教学资源以及进行科学评价,从而保证每个学生都有成功的机会。第三,提高期待这一原则指在教学实践过程中教育者对学习者设定合理且高于他们自身水平的教学目标,这个教学目标要遵循最近发展区这一理论,需具备挑战性,同时也要不失可实现性。但需要注意的是这个教学目标不是固定不变的,要跟随学习者的变化发展而进行动态设定,始终以学生的发展水平为依据,构建更高一级的标准,从而保证"成功到更成功"的学习的有效推进。第四,反向设计这一原则与预定的学习成果密切相关,即这些成果不仅是教学设计和课堂活动安排的终点,也要以此为起点反向设计课程,认真思考怎样以最终的成果为出发点,自上而下地设计活动才可以保证学习成果的顺利实现。以上四个基本原则息息相关,缺一不可。

4. 实施要点

斯派蒂(Spady)在构建出的金字塔结构中,列出了在实际应用 OBE 理念时应遵循的"确定学习成果""构建课程体系""确定教学策略""自我参照评价"以及"逐级达到顶峰"这五个实施要点。第一,学习成果指的是学生在结束某一门课程的学习之时或者之后能够取得清楚的、可以看见的、可以证实的成果。[①] 在明确学习成果时应考虑多方面的因素,包括社会、学校、家长和学生本人,这些成果不仅是教学设计和课堂活动安排的终点,也要以此为起点。第二,构建课程体系是在明确学习成果之后,可以通过一种或者多种课程来实现这些学习成果,同时,一门课程也具备完成多种成果的能力,它们相互之间存在着清楚的映射关系。第三,教学策略是帮助实现学习成果的有效手段,与以教师为中心的传统教学方式大为不同,OBE 理念强调要以学生为中心,关

---

① 姜波.OBE:以结果为基础的教育 [J].外国教育研究,2003(03):35-37.

注学生的学习结果、能力；同时 OBE 理念更多关注的是输出而不是输入；此外，由于学生个体之间存在差异性，OBE 理念也提倡个性化教学，教师要依据学生的特点、目标、学习进度等采取因材施教的方式，制定有针对性的教学方案。第四，自我参照评价应根据学习成果，对学生所取得的成果以及能力的提升进行多元、个性化的评价，而不是仅仅对学生进行终结性评价。第五，逐级达到顶峰指的是拆分学习成果，把学习成果定级，让学习者在学习过程中逐渐实现由低级到高级的转变，最后走向顶峰，这表明学生可能花费不同的时间，采取不同的学习手段和方法，但是他们最终会抵达相同的目标。

（二）OBE 理念与外语翻转课堂教学模式融合

1.OBE 理念与翻转课堂教学模式理念相契合

OBE 理念要求根据内外部需求确定课程目标后，对外语教学过程与教学评价进行反向设计，将以往"教师讲授什么"转变为"学生学到了什么"，以学生最终能达成的能力指标为教学评价的依据。外语翻转课堂教学模式要求外语教学过程的整体翻转，将"课上学习知识—课后内化知识"转变为"课下学习知识—课中内化吸收"。把外语课堂上更多的时间还给学生，转变教师与学生的角色，培养学生的综合能力。OBE 理念与外语翻转课堂教学模式教学理念相互契合，都强调以学生为中心、培养学生综合能力，在教学过程中以多样化的学习资源辅助学生进行课程学习。

2.OBE 理念与外语翻转课堂教学模式的有效连接

OBE 理念是一种指导性理念，在明确教学目标后对教学内容、教学活动、教学评价等进行反向设计，使学生的学习更具指向性和针对性。翻转课堂教学主要对具体教学内容和教学活动进行重新设置，教师讲授部分翻转到课前进行，课中以知识内化吸收为主。OBE 理念与翻转课堂的联结，可以在 OBE 理念根据社会、企业对人才的需求、学习者特点重新定义教学目标后，结合翻转课堂教学模式的特点，对课程内容和活动进行重新设计，在提高学生学习兴趣的同时，增强教学的有效性与实用性。

（三）基于 OBE 理念的外语翻转课堂教学模式的设计原则

1.成果导向

基于 OBE 理念的外语翻转课堂教学模式以成果为导向,强调外语教学过程中教学设计要清楚聚焦在学习者最终可获得的学习成果上,外语教学活动的全过程围绕学生最终可获得的学习成果进行,之后对外语教学过程与教学评价等各元素进行反向设计。教师要让学生知道他们正在达成什么样的外语教学目标、为什么要达成这一教学成果、如何实现外语教学目标。

2.以学生为中心

基于 OBE 理念的外语翻转课堂教学模式的教学全过程以学生为中心,新教学模式要求在高效的外语教学活动中,对学生的自主探究能力和自主学习意识进行培养,让学生在教学实践中能够有目标地、自主地进行探究学习。教师对学生教学活动结束后需要掌握的专业知识与技能进行全面分析以进行教学设计,在教学实施的过程中以学生的发展为主线,教学效果的顺利实现为关键,将课堂还给学生,尊重学生的主体地位,充分激发他们的学习热情,实现任务成果并完成知识内化吸收。

3.扩大机会

"扩大机会"意味着学校和教师应尊重学生之间的个体差异,给学习者提供更多的机会,帮助他们达到学习成果。基于 OBE 理念的外语翻转课堂教学模式强调要让所有学生都能在学习过程中获得成功,但是学生获得成功的时间和方式是不一样的,给学生提供更丰富的学习资源,使用更灵活多样的方法,以丰富学生的学习体验。教师还应以更弹性的方式让学生进行个性化学习,以更丰富多元的评价机制,给予学生更多的机会,帮助学生达成外语学习目标。

4.持续改进

基于 OBE 理念的外语翻转课堂教学模式的教学评价不但用于评判学生的外语学习情况,更是为了获得外语学习反馈,及时发现外语教学过程中存在的问题,对外语教学全过程进行持续改进。持续改进有利于教师对外语教学目标与教学过程进行完善,使外语教学全过程更符合学生的外语学习特点与需要,发挥更好的教学作用。对学生进行教学评估时,要注重过程性评价,以更好地掌握他们的学习状况。

5. 线上线下相结合

基于 OBE 理念的外语翻转课堂教学模式打破学习时间、空间上的界限,结合教学云平台,以线上线下相结合的方式对学生进行教学。将传统外语教学模式中教师课堂讲授、课后解决问题转变为课前线上学习、课中线下教师指导学生合作探究、交流讨论。线上教学环节的加入,以新颖的学习资源吸引学生注意,在丰富学生学习体验的同时,满足学生个性化学习需求,与线下教学环节相结合,拓宽学生知识积累,激发学生的学习积极性与主观能动性。在确定课程目标时,教师可根据不同教学环节设定不同教学目标,在课前线上教学环节以达成低阶知识目标为主,而课中线下教学环节推动学生达成高阶思维目标。

(四)基于 OBE 理念的外语翻转课堂教学模式的设计思路

本书基于 OBE 理念外语翻转课堂教学模式设计思路以"教学目标确定与内容重构—教学过程设计—教学评价设计"为主线展开,教学设计全过程坚持以成果为导向,对教学内容、活动进行反向设计,整个教学过程线上线下相结合,在教学完成后根据学生在教学过程中的表现进行多元评价,根据评价结果对教学目标、教学活动进行持续改进,以提升学习成效。教学设计思路如图 7-2 所示。

(五)基于 OBE 理念的外语翻转课堂教学模式的教学目标与内容重构

基于 OBE 理念的外语翻转课堂教学模式在确定外语课程教学目标时,应对社会对人才需求以及学习者特点进行综合性分析。社会对人才的需求确定了我们需要把学生培养成什么样的人,使学生的学习成果能顺利地在对应岗位上使用,而学习者的特点能使制定的教学目标更贴合学生的学习特性。在明确了教学成果后需要将各项教学成果细化成对应的能力指标,即学生经过一段时间该门课程的学习后,能获得的教学目标。

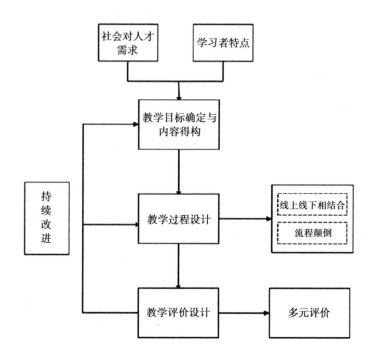

图 7-2　基于 OBE 理念的外语翻转课堂教学模式设计思路

外语教学目标的设计应与布鲁姆教学目标分类理论相结合,使学生能根据教学目标的等级明确各学习成果的掌握情况。在对外语教学目标进行描述时应采用明确的结果性描述,帮助学生更好地判断教学目标的达成情况。在对外语教学成果进行重新设定后,有必要对教学内容进行重构,使教学内容能更好地支撑课程教学目标(图 7-3)。

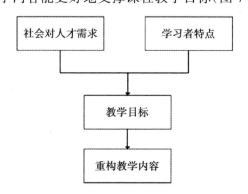

图 7-3　基于 OBE 理念的外语翻转课堂教学模式的教学目标确定与内容重构

1. 教学目标确定

（1）社会对人才需求

OBE 理念强调以成果为导向,根据学生毕业后的职业发展需要来制定课程教学目标。学习成果的制定应对接行业岗位要求,综合考虑社会对人才的需求以实现学生毕业可持续发展。社会对人才的需求主要指社会对岗位求职者提出的各方面要求,包括应掌握的知识与技能、具备的职业素养、综合发展能力等。在制定外语教学目标时可通过网络对对应岗位要求进行信息搜索,了解当前就业形势,明确企业的需要,或者通过对对应岗位就业的毕业生进行访谈、向相关企业咨询的方式,为外语教学目标的制定提供参考。

（2）学习者特点

基于 OBE 理念的外语翻转课堂教学模式强调以学生为中心,因此在制定课程目标时,需充分考虑学习者的学习特点,了解学生的基本情况、学习习惯、学习方式等。外语教学目标设置上不应太难,以免挫伤学生学习积极性。在制定外语教学目标时分析学生对学习该门课程、课堂活动的期待,结合最近发展区的理念,对课程进行总体设计。

2. 教学内容重构

在对教材内容重构过程中,以原教材内容为基础,对外语教学内容进行适当拣选,内容设置上应具有综合性、创造性,加入对应岗位最前沿的知识与技术,拓展学生的知识面。外语教学内容以项目、活动为主线,将各模块的核心内容分解为多个子任务串联整个教学过程,各子任务将各教学模块的理论知识与实操性知识有机结合,充分贯彻"做中学"的外语教学理念,让每个学生在动手实践的过程中内化、吸收知识。项目、活动内容设置上应与当前行业最新发展要求相对应,使学生在完成项目学习后能顺利获得与岗位要求相匹配的知识、技术技能,拥有综合职业素养。

三、产出导向法(POA)及其在外语 ESP 教学中的应用

（一）POA 理念的内涵

产出导向法(Production-Oriented Approach，POA)是我国的文秋芳教授在外语教育领域所提出来的一种创新的外语教育理念。产出导向法的核心提倡"以学习为核心，以提高学生的效率"，强调"学"与"用"相结合。[①]

产出导向法中的教学假设理论为实际教学课堂中的教学流程设计提供了理论支撑；而"输入促成假说"则提出了一个新的观点：恰当的输入能够提高学生的外语水平；"选择学习假说"的真正含义是：从学生的实际需求出发，选择对产生结果有利的教材，以节约时间，达到较好的学习结果；"以评促学假设"则倡导在教师的指导下，通过学生的自我评价，学生之间的同伴互评，以及师生合作评价，来对学生的学习情况进行深入分析。

"教学理念""教学假设"必须借助"教学流程"来实现。在这一过程中，教师起着重要的媒介作用。"驱动"由三个部分组成：①教师对交流情景的解释；②学生的努力产生；③教师提出了课程目的，并布置学生作业。"促成"的过程包括三个部分：①教师对输出任务进行了明确描述；②学生有选择地进行学习，教师对其进行密切关注，及时给予指导；③在小组活动中，学生完成自己的测试内容，教师对结果进行评价。

（二）POA 理念的理论体系

经十余载的发展与完善，产出导向法形成了今天的理论体系。该体系主要包括三个部分：教学理念、教学假设和教学流程。产出导向法以教学理念为目的，以教学假设为理论基础，以教学流程为步骤。

[①] 文秋芳."产出导向法"教学材料使用与评价理论框架[J].中国外语教育，2017，10（2）：17-23+95-96.

1. 教学理念

经 2018 年修订后，POA 教学理念的内容由三项变为了四项，增加了"文化交流说"，用"关键能力说"替换了"全人教育说"。[①] 现教学理念包括学习中心说、学用一体说、文化交流说和关键能力说。

（1）学习中心说

学习中心说指的是要以学生的学习为中心，课堂所展开的活动以学生的学习为中心，服务于有效的学习。学习中心说打破了以教师为中心的教学模式，也挑战了"以学生为中心"的西方化教学模式。[②] 文秋芳教授主张一切的教学活动都是为了促进有效学习的发生。[③] 所以学习中心说实现有效的终极目标，即学有所获，学以致用，学以成才。这是综合了中西方的创新型的以学习为中心的理论。

（2）学用一体说

学用一体说是指要边学边用，将一切的教学活动与运用结合起来，明确了"学"与"用"之间的关系以及它们的内涵。学用一体说中将输入性学习（听、读）视为学，输出性学习（说、写）视为用。学与用紧密相连，在语言课堂中应当边学边用，学用结合。学用一体说针对语言教学中输入与输出脱节的问题，即"学用分离"这一现象，提供了解决方案。

（3）文化交流说

文化交流说主张在语言教学中应当融入文化，在跨文化中学习语言，其目的是解决目的语文化与学习者本土文化之间的差异问题。即学习一门语言，不仅要学习语言，还要学习他们的文化。语言是文化的载体，这也进一步提高了学生学习的要求，不仅要学习知识，还要以文化交流为目的将文化学习融合在语言学习中。

（4）关键能力说

关键能力指的是，在一个不确定的复杂情境中解决复杂问题的能力。在外语教学中，外语教学需要培养四种核心素养：语言能力、文化

---

① 文秋芳."产出导向法"与对外汉语教学[J].世界汉语教学，2018，32（03）：387-400.

② 孙曙光."产出导向法"中师生合作评价原则例析[J].外语教育研究前沿，2020，3（02）：20-27+90-91.

③ 文秋芳.构建"产出导向法"理论体系[J].外语教学与研究，2015，47（04）：547-558+640.

意识、思维品质和学习能力。① 这是关键能力在某种语言教学中的细化。在 2018 年,"关键能力说"替换了"全人教育说",两者本质是一样的。全人教育说,秉承全人教育观,注重培养学生的综合能力,而关键能力说更明确了综合能力是什么。

2. 教学假设

教学假设是产出导向法的理论基础,包括输出驱动、输入促成、选择性学习、以评促学四个假设。

(1)输出驱动

输出驱动认为输出是语言学习的驱动力,以输出为出发点,可以让学生了解自己的不足之处,激发学生学习新知识的欲望。输出驱动,比直接进行输入的教学效果更好。与传统的外语写作课堂相比,以往传统的外语写作课堂是"输入—输出"的教学顺序,而产出导向法将输出作为第一步,以"输出—输入—输出"的顺序进行教学,创造性地提出了教学的新顺序,体现了学用一体的要求。

(2)输入促成

输入促成以输出驱动为前提,是为了完成产出任务的促成阶段。此时输入不是直接地接受知识,而是为了完成输出而进行的学习。在这一过程中,输入要与输出任务紧密相连。教师输入的材料与内容要与产出任务对接。输入促成的过程要由易到难,层层搭建,这样才能起到促成的作用,有效地扩充学生的现有知识体系,进一步完成产出任务。

(3)选择性学习

选择性学习是指根据产出的需要,根据自身的情况挑选出有利于完成产出任务的输入材料,并进行深度的加工、学习和记忆。这应当包括两个层面的选择,首先教师提供给学生的输入材料,是经挑选的,适合学生群体的。其次,学生在教师提供的材料中,根据自己的要求,有选择性地进行学习,能够更高效地完成产出任务。相对非选择性学习而言,选择性学习更能提高学习效果,有利于产出任务的完成。

---

① 中华人民共和国教育部.义务教育外语课程标准[M].北京:北京师范大学出版社,2022.

（4）以评促学

以评促学是文秋芳（2017）新增的假设[①]，主张学生在教师的领导下边学边评，主要提出了师生合作评价法。在这种评价法中，学生不再是评价的被动接受者，而是评价的参与者。通过自评以及同伴互评等方式来参加评价过程。师生合作评价包括了课前、课中和课后三个阶段。课前，选择典型的样本进行讲解和评价，对学生群体的共性进行评价；课中对学生的表现和反应给出及时的评价；课后，组织学生进行自评以及互评，以达到补充评价结果的作用，其最终的目的是实现以评促学的效果。

3. 教学流程

POA 教学流程指的是实现产出导向法的步骤，由"驱动—促成—评价"组成的循环链。目前国内教学以单元为教学单位，每个单元包含若干个完整的循环链，整个教学流程将在特定的文化情境中展开，以学生的学习为中心，目的是让学生边学边用，学以致用，提高学生的关键能力。

（1）驱动

驱动是教学流程的第一步，也是产出导向法最独特的一部分。文秋芳（2018）在研究中指出评估驱动质量有三个：交际真实性，认知挑战性和产出目标恰当性。[②]我们的驱动步骤也必须符合这三点。现在国内的外语课程都是单元教学，在每个单元开始的第一课，我们要给出一个真实的文化交际情景，在此情景中让学生尝试交际与产出，学生尝试之后，明白自身认知水平与目标的差距，意识到自己的不足，使学生产生学习的兴趣与动力，接着教师再向学生提出要求与产出目标。此产出目标应具有恰当性，应处在学生的最近发展区。驱动最重要的是让学生意识到自身与目标的距离，明确目标并产生学习的动机与兴趣，让学生主动去学。

（2）促成

促成阶段是产出导向法的中心环节，促成阶段的主要目的是让学生

---

① 文秋芳."产出导向法"教学材料使用与评价理论框架 [J].中国外语教育，2017，10（82）：17-23+95-96.
② 文秋芳."产出导向法"与对外汉语教学 [J].世界汉语教学，2018，32（03）：387-400.

明白产出目标,练习完成产出任务。促成阶段主要包括以下三个环节:首先,教师要讲解达到产出目标的步骤并说明要求,让学生对产出目标和任务有一个明确的认识;接着,教师应指导学生进行有选择性的学习并为学生提供学习材料,为学生完成产出任务提供帮助,应从一词、一句、一段、一篇章等一步步让学生构建自己的知识框架,夯实基础,同时逐步完成产出任务;最后,学生进行产出练习,教师检查并对学生的错误给予指导。

（3）评价

评价是最后一个环节,也是为巩固好以前的产出任务而进行的不可或缺的环节。评价分为两种,即时评价与延时评价。即时评价指的是课上的评价,是针对学生的产出任务给予的评价,评价要有针对性、区别性。学生在收到即时评价之后,可以根据教师的评价进行课后修改,更完美地完成产出任务。但是课上时间有限,并不一定能给予所有学生即时评价,有些评价需要在课后进行,这就是延时评价。延时评价可以给予学生更细致的评价。无论是即时评价还是延时评价,都不能只是教师一个人进行,最好是采用师生合作评价。

综上所述,产出导向法的教学流程具有完整性,符合学生心理,结合了学生需求和教学目标,运用在外语教学中,教师能更高效地进行教学,学生也能更高效地进行学习。

（三）外语 ESP 中 POA 教学的策略

根据以上实验及数据的分析结果,结合 POA 的理论基础,下面将阐述如何形成 POA 理论指导外语翻转课堂的模式,以回答本研究的第三个问题。

1. 驱动环节

第一个部分是"呈现交际场景",教师需要运用自身的创意和语言、视频、图片等媒介让学生体会到真实的交际情境,这就要求教师在课前深入了解学生的兴趣和需求,搜集合适的驱动材料,用大量的输入来激发学生的好奇心或者激活学生的相关背景知识,要求教师与时俱进,具备强大的创新能力。

第二个部分是"学生亲身体会",教师呈现部分驱动材料之后给学生安排一定的输出任务,如回答问题、分享趣事等,运用自己的外语知识完成交际性任务,在此过程中让学生意识到自己对相关外语知识的匮乏,从而激发求知欲。

第三个部分是"教师说明教学目标和产出任务",需要注意的是外语教学目标一定是要为交际服务的,着重关注解决外语学习中"学用分离"的问题。

2. 促成环节

第一步需要教师描述产出任务,让学生对本节课的学习目标和任务目标有清晰的认知,教师需要告诉学生本节课的学习目标。

第二步是学生进行选择性学习,自主选择产出任务所需要的输入材料,教师起到支架作用,在学生完成任务的过程中进行指导,鼓励学生进行富有个性的自我表达。这一步是学生将语言形式与意义和使用结合起来至为关键的一步,整个过程中教师都要及时对学生的产出结果和使用的准确性进行检查,掌握学生的学习效果。

第三步是产出练习与检查,教师要注意产出任务的循序渐进以及检查的及时性,充分了解学生是否具备完成产出任务的能力,能否充分理解外语规则、准确应用外语。

在促成环节,教师尤其要注意学习中心原则,学习前期教师起到支架作用,不对学生的学习进行过度干涉,但是也不能完全不指导。如果后期有高水平的学生能够掌握相应学习方法,教师可以将脚手架的角色交给他们,并鼓励学生自己寻找或者补充输入性材料,给予学生自主探究学习的空间。

3. 评价环节

评价分为即时评价和延时评价,即时评价是对促成环节中学生的产出任务进行评价,教师对产出作业进行有针对性和差异化的评价与指导。即时评价既能帮助学生了解自己的劣势与优势,也能帮助教师调整教学进度,掌控教学效果。延时评价指教师给学生布置课后作业,学生在课外完成之后交给教师进行评价,主要是为了检验学生一整节课的学习成果,也能帮助教师进行反思,改进下一堂课的教学。同时,延时评价分为复习性产出和迁移性产出,这就要求教师掌握学生的水平,布置分层作业。复习性产出要求学生运用课堂上学到的知识完成课后练习题,迁移性产出要求语言水平高的学生完成高难度的作业。另外，评价环节需注意评价的结果要实现合作共赢的目的，师生共同学习评价标准，在评价时采用教师评价、自主评价、生生互评等多种评价方式，确保评价的针对性与差异性，让评价者和被评价者共同受益，既让学生从自己同伴的产出任务结果中学会如何学习外语知识，又让学生深入理解语言规则，改进自己的学习方式和产出结果。

此外，POA 理论指导的外语翻转课堂教学需要因教师、教学对象而异，如何选择驱动材料，如何设置产出任务，如何设置分层作业，都基于教师对学生的了解，对教师创新能力、支架作用的要求尤为突出。根据文字阐述，生成以下基于 POA 理论的外语翻转课堂教学模式流程图，如图 7-4 所示。

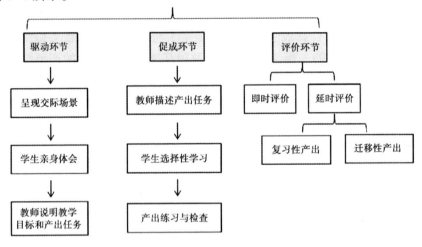

图 7-4 基于 POA 理论的外语翻转课堂教学模式

参考文献

[1] Thomas Sergiovanni. Building Community in Schools[M]. San Francisco: Jossey-Bass, 1994.

[2] 彼得·圣吉. 第五项修炼：学习型组织的艺术与实践 [M]. 张成林, 译. 北京：中信出版社, 2009.

[3] 戴维·H. 乔纳森. 学习环境的理论基础 [M]. 徐世猛, 译. 上海：华东师范大学出版社, 2015.

[4] 盖颖颖. 外语教师团队建构研究：基于专业学习共同体视角 [M]. 北京：中国经济出版社, 2016.

[5] 何莲珍, 林晓. 基于大学英语课堂学习共同体的中国大学生思辨能力培养研究 [M]. 杭州：浙江大学出版社, 2017.

[6] 黄广芳. 外语教师发展共同体研究：模式与对策 [M]. 北京：中国轻工业出版社, 2017.

[7] 姜亚军, 殷耀. 外语教学与研究论丛 [M]. 上海：复旦大学出版社, 2007.

[8] [美] 理查德·I·阿兰兹. 学会教学 [M]. 丛立新等, 译. 上海：华东师范大学出版社, 2005.

[9] 刘乃美. 地方高校大学外语教师专业自主发展探究 [M]. 厦门：厦门大学出版社, 2019.

[10] 帕克·帕尔默. 教学勇气：漫步教师心灵 [M]. 上海：华东师范大学出版社, 2014.

[11] 潘洪建, 沈文涛. 大班额教学新视野：学习共同体构建与教学方式变革 [M]. 镇江：江苏大学出版社, 2012.

[12] 钱晓霞, 陈明瑶, 刘瑜. 基于课堂教学研究的外语教师专业自主发展：反思与行动 [M]. 北京：中国书籍出版社, 2016.

[13] [美] 入江昭 . 全球共同体：国际组织在当代世界形成中的角色 [M]. 刘青，颜子龙，李静阁，译 . 北京：社会科学文献出版社，2009.

[14] 王利华 . 基于学习共同体的高校外语课堂生态环境研究 [M]. 开封：河南大学出版社，2018.

[15] 王启龙，孙坚 . 高校外语教学研究第 1 辑 [M]. 北京：科学出版社，2018.

[16] 宣泠，龚晓斌 . 大学外语不断线课程体系建构研究 [M]. 苏州：苏州大学出版社，2020.

[17] 杨延从 . 英语课堂学习共同体：新型的师生交互学习场 [M]. 南京：江苏凤凰教育出版社，2015.

[18] 赵健 . 学习共同体的建构 [M]. 上海：上海教育出版社，2008.

[19] 郑葳 . 学习共同体 [M]. 北京：教育科学出版社，2007.

[20] 钟启泉 . 课堂研究 [M]. 上海：华东师范大学出版社，2016.

[21] [日] 佐藤学 . 静悄悄的革命——创造活动、合作、反思的总和学习课程 [M]. 李季湄，译 . 长春：长春出版社，2003.

[22] [日] 佐藤学 . 课程与教师 [M]. 钟启泉，译 . 北京：教育科学出版社，2003.

[23] 佐藤学 . 学校的挑战：创建学习共同体 [M]. 钟启泉，译 . 上海：华东师范大学出版社，2010.

[24] Paavola, S., Lipponen, L. & Hakkarainen, K. Models of Innovative Knowledge Communities and Three Metaphors of Learning[J]. Review of Educational Research, 2004（4）: 557–576.

[25] 蔡妍，林璋 . 新文科背景下外语专业智慧学习共同体的构建及其促学效果研究 [J]. 外语界，2022（03）: 45–52.

[26] 曹慧玲 . 基于移动互联网的大学英语词汇学习共同体构建研究 [J]. 英语教师，2022，22（09）: 27–30.

[27] 陈静静 . 佐藤学"学习共同体"教育改革方案与启示 [J]. 全球教育展望，2018，47（06）: 78–88.

[28] 邓昕 . 移动信息化背景下高职英语师生学习共同体教学模式可行性探析 [J]. 湖南大众传媒职业技术学院学报，2022，22（03）: 85–87+116.

[29] 冯锐，金婧 . 学习共同体的思想形成与发展 [J]. 电化教育研究，2007（03）: 72–75.

[30] 伏荣超.学习共同体理论及其对教育的启示 [J].教育探索，2010（07）：6-8.

[31] 傅蜜蜜.论外语教学中跨文化交际能力的培养 [J].外国语文，2018（05）：155-160.

[32] 盖颖颖.高校外语教师专业学习共同体团队建构研究 [J].齐齐哈尔大学学报(哲学社会科学版)，2015（12）：162-164.

[33] 高巍，郭茜."互联网 +"背景下课堂学习共同体的建构与思考 [J].江苏教育研究，2022（12）：8-12.

[34] 龚群.自由主义的自我观与社群主义的共同体观念 [J].世界哲学，2007（5）：72-78.

[35] 郭燕，徐锦芬.专业学习共同体对外语教师教学能力发展的影响研究 [J].解放军外国语学院学报，2016，39（01）：104-112.

[36] 韩彦林.高校大学英语教师学习共同体的构建 [J].唐山师范学院学报，2022，44（05）：138-142.

[37] 李洁.新时期在线教师学习共同体的构建思路 [J].江西电力职业技术学院学报，2022，35（07）：155-157.

[38] 李新翠.学习共同体：激发教师专业自觉的发展模式 [J].教师发展研究，2022，6（03）：71-77.

[39] 刘光余，邵佳明，董振娟.课堂学习共同体的构建 [J].中国教育学刊，2009（04）：65-67.

[40] 卢丽虹.学习共同体理论及外语教学的新视角——以国家精品课程"企业文秘英语"为例 [J].开放教育研究，2012，18（04）：77-80.

[41] 吕晶晶，甘露.基于学习共同体的高职外语教师信息化能力提升策略 [J].现代职业教育，2022（35）：80-82.

[42] 南锐，肖叶静.逻辑与路径：双线融合教学师生学习共同体的建构 [J].牡丹江教育学院学报，2022（09）：50-53.

[43] 潘洪建."学习共同体"相关概念辨析 [J].教育科学研究，2013（08）：12-16.

[44] 彭雪.英语课程学习共同体的内涵、要素及建构 [J].教育研究与实验，2020（03）：48-53.

[45] 邵龙宝."学习共同体"与创新人格的培养——《思想道德修养》课程建设的实践与思考 [J].教育研究，2007（01）：90-93.

[46] 时长江，刘彦朝.课堂"学习共同体"教学模式的探索——浙江

工业大学《思想道德修养与法律基础》课建设的研究与实践 [J]. 教育研究,2013,34（06）：150-155.

[47] 时长江,刘彦朝 . 课堂学习共同体的意蕴及其建构 [J]. 教育发展研究,2008（24）：26-30.

[48] 宋世云 ."学习共同体"改变课堂生态——读《学习共同体：走向深度学习》[J]. 中国教师,2022（09）：120-122.

[49] 孙华春,项忻辰,姜苏婷 . 大学英语听说混合式学习共同体构建研究 [J]. 海外英语,2022（09）：178-180.

[50] 汤俊 . 开放教育 O2O 学习共同体的构建与实施研究 [J]. 科教文汇,2022（18）：19-22.

[51] 屠锦红 ."学习共同体"：理论价值与实践困境 [J]. 当代教育科学,2013（16）：7-9+34.

[52] 王建民 . 学习共同体教学模式在体育教学中的构建路径研究 [J]. 当代体育科技,2022,12（28）：9-12.

[53] 王鉴,李录琴 ."学习型共同体课堂"的理解与建构 [J]. 教育理论与实践,2008（04）：57-60.

[54] 王明娣 . 课堂学习共同体的理论建构及特征研究 [J]. 当代教育与文化,2018,10（03）：44-50.

[55] 吴斐,杨永和 . 教育现代化下高校外语教师学习共同体构建——以湖南工程学院为案例 [J]. 湖南工程学院学报(社会科学版),2021,31（01）：91-95.

[56] 吴井娴 . 通过对话来学习：佐藤学的学习共同体述评 [J]. 上海教育科研,2016（01）：40-43.

[57] 吴倩倩,杨利锋 ."互联网 +"时代课堂学习共同体活动机制的构建 [J]. 教育观察,2022,11（17）：84-87.

[58] 伍思静,陶桂凤 . 基于知识地图构建大学外语教师专业学习共同体 [J]. 中国电化教育,2011（05）：23-26.

[59] 夏华,钱丰收,张俊生 . 区域学习共同体构建理论与实践研究 [J]. 淮南师范学院学报,2022,24（04）：143-148.

[60] 严晓蓉,朱婕 . 分布式认知视角下的网络学习共同体的外语教学模式探索 [J]. 校园英语,2016（14）：13-16.

[61] 杨娟 . 基于互联网的大学外语教师专业学习共同体的构建路径研究 [J]. 文科爱好者(教育教学),2020（04）：15-16.

[62] 叶澜, 王厥轩, 韩艳梅. 叶澜: 教师的魅力在于创造 [J]. 上海教育, 2013（16）: 32-36.

[63] 袁高丽. 学习共同体: 高职院校思政教师教学能力提升的研究 [J]. 江西电力职业技术学院学报, 2022, 35（09）: 58-60.

[64] 张杰, 林丽. 基于知识管理 SECI 模型的教师学习共同体构建研究 [J]. 电化教育研究, 2012, 33（09）: 31-35.

[65] 张蕊, 杨海茹. 互联网环境下县域内中职教师学习共同体构建研究 [J]. 太原城市职业技术学院学报, 2022（08）: 96-99.

[66] 张晓冬. 基于现代信息技术的高职教师网络学习共同体构建策略研究 [J]. 辽宁丝绸, 2022（04）: 82-83.

[67] 张宇环. 高校英语教学中的学习共同体构建研究 [J]. 安徽工业大学学报(社会科学版), 2016, 33（02）: 58-59.

[68] 赵冬冬, 曾杰. "互联网 +" 视域下跨区域教学共同体建设研究——兼议 "三个课堂" 应用 [J]. 中国电化教育, 2021（02）: 97-104.

[69] 郑葳, 李芒. 学习共同体及其生成 [J]. 全球教育展望, 2007（04）: 57-62.

[70] 钟焜茂. 外语教师专业发展的默会知识维度 [J]. 龙岩学院学报, 2009, 27（01）: 77-80.

[71] 钟启泉. "学习共同体" 的范例——日本佐藤学教授访谈 [J]. 全球教育展望, 2006, 35（04）: 3-6.

[72] 钟志贤. 知识建构、学习共同体与互动概念的理解 [J]. 电化教育研究, 2005（11）: 20-24+29.

[73] 周云华. 基于学习共同体的学习设计策略探析 [J]. 中小学课堂教学研究, 2022（04）: 5-9.

[74] 朱赫今. 大学英语课堂学习共同体构建——基于教育生态学的视角 [J]. 通化师范学院学报, 2022, 43（11）: 124-127.

[75] 佐藤学, 钟启泉. 学校问题透视——形成学习共同体 [J]. 全球教育展望, 2003, 32（07）: 6-11.

[76] 陈亮. 面向语文核心素养的小学课堂学习共同体构建研究 [D]. 闽南师范大学, 2021.

[77] 陈韵. 小学英语课堂学习共同体的构建策略研究——以海口市 S 小学为例 [D]. 海南师范大学, 2022.

[78] 高若瑜. 基于活动理论的对外汉语教学设计研究 [D]. 华东师

范大学,2020.

[79] 郭嘉欣.教师专业学习共同体对教学创新的影响机制研究 [D].华东师范大学,2022.

[80] 侯云洁.高中英语教师课堂提问的实践性知识研究—— 一项基于苏、杭、沪三地的质性研究 [D].上海外国语大学,2021.

[81] 黄丹.小学课堂学习共同体的建构研究 [D].西南大学,2016.

[82] 金琳.学习共同体中教师研究者成长案例研究 [D].苏州大学,2016.

[83] 赖正婷.促进深度学习的初中信息技术课程学习共同体构建的研究 [D].哈尔滨师范大学,2022.

[84] 李纯.基于专业学习共同体的初中英语教师学习现状研究 [D].曲阜师范大学,2020.

[85] 龙俊蓉.教师专业学习共同体视角下的高中英语备课组现状研究 [D].华东师范大学,2022.

[86] 龙来凤.学习共同体在初中英语语法教学中应用的行动研究 [D].贵州师范大学,2022.

[87] 卢瑞娴."互联网 +"视角下的英语教研组学习共同体建设策略研究 [D].广州大学,2022.

[88] 栾爱春.高中英语认知学徒制阅读教学设计研究 [D].华东师范大学,2021.

[89] 陶涛.大学英语教学有效性问题研究 [D].华中师范大学,2015.

[90] 薛华磊.校外教育机构教师学习共同体建构研究 [D].上海师范大学,2017.

[91] 袁燕华.多元互动英语教师校本教育模式:理论与实践 [D].上海外国语大学,2013.

[92] 张鑫.基于学习共同体的教师数据素养培养模式研究——以初中数学教师为例 [D].江南大学,2022.

[93] 赵健.学习共同体——关于学习的社会文化分析 [D].华东师范大学,2005.